HANS-JOACHIM POLTE

PEENEMÜNDE

MILITÄRGESCHICHTLICHER
REISEFÜHRER

Herausgeber:
Horst Rohde

SEIT 1789

Verlag E. S. Mittler & Sohn · Berlin · Bonn · Hamburg

Die Deutsche Bibliothek – CIP-Einheitsaufnahme

Polte, Hans-Joachim:
Peenemünde / Hans-Joachim Polte. Hrsg.: Horst Rohde
– Berlin ; Bonn ; Hamburg : Mittler, 1995
(Militärgeschichtlicher Reiseführer)
ISBN 3-8132-0474-X

ISBN 3 8132 0474 X; Warengruppe 21

Umschlaggestaltung: Wolfgang Ronstadt, Alfter, unter Verwendung zweier Abbildungen aus dem Archiv Polte
Layout und Produktion: Stephanie Achilles und Robert Johannes
Gesamtherstellung: Humbach & Nemazal, Pfaffenhofen
Printed in Germany

Militärgeschichtlicher Reiseführer

PEENEMÜNDE

Inhalt

»Ich alleine war nichts, wir alle waren es!«

Dr. Wernher v. Braun

I. Vorwort

Als am 3. Oktober 1942, erstmals in der Geschichte der Menschheit, ein Flugkörper in den Weltraum eingedrungen war, begann ein neues Zeitalter – die Raumfahrt.
Mehr als 10 Jahre intensiver Entwicklungsarbeit und eine beträchtliche Summe Geld waren notwendig, um diesen erfolgreichen »Schuß in den Weltraum« durchzuführen und damit dem Wunsch, zum Mond fliegen zu können, einen Schritt näher gekommen zu sein. Während dieser Zeit entbrannte der Zweite Weltkrieg, und es ist völlig normal und auch bis heute so üblich, daß ein Land, welches sich im Krieg befindet, jede neue technische Entwicklung für eine militärische Verwendung zu nutzen versucht. Als Fernrakete kam sie jedoch zu spät zum Einsatz, um das Kriegsgeschehen noch zu beeinflussen, denn die gesamte Sprengstoffmenge, die mit dieser Waffe auf gegnerischem Territorium zur Wirkung gebracht wurde, war geringer als die Bombenlast, die alliierte Flugzeuge im Monatsschnitt über Deutschland abluden. Sie war jedoch der erste Schritt zur bemannten Raumfahrt.
Nach Kriegsende wurden alle führenden Wissenschaftler, die technischen Unterlagen und über 100 fertige A-4-Raketen aus dem Kohnstein in Thüringen, wo die Serienproduktion lief, nach Amerika gebracht. Die Russen nutzten das technische Know-how der in der Umgebung des Kohnstein verbliebenen Techniker und Facharbeiter. Den Russen kamen auch die hier unversehrten Produktionsstätten sowie von den Amerikanern zurückgelassene Einzelteile aus der A-4 Produktion zu Gute. In neuer Umgebung, jedoch mit gleichem Ziel, wurde in Amerika und Rußland unter deutscher Leitung an militärischen und zivilen Weltraumraketen weitergearbeitet.
Wernher von Braun und seinem Mitarbeiterstab gelang es, am 21. Juni 1969, den ersten Menschen auf den Mond zu bringen und damit einen alten Menschheitstraum Wirklichkeit werden zu lassen. Der Grundstein dazu wurde jedoch in Peenemünde gelegt, was diesen Ort zur »Wiege der Raumfahrt« gemacht hat.
Die Geschichte zeigt, daß das mit großen Ereignissen verbundene Leid im Laufe der Jahre in Vergessenheit gerät. Man spricht nur noch, gerade in unserer heutigen Zeit, von Ergebnissen, technischen Entwicklungen und dem damit verbundenen kommerziellen Vorsprung. Von den damaligen Entwicklungen in Peenemünde profitiert heute die Militärtechnik weltweit, Umweltschutz, Wetterdienst, Nachrichtentechnik, Luft- und Seefahrt sind weitere Nutznießer dieser Pennemünder Grundlagen. Beobachtungssatelliten mit Weltraumkameras ersetzen Forschungsschiffe und Beobachtungsstationen. Sie geben Auskunft über die Ausbreitung der Wüsten, Schrumpfung des Regenwaldes, Verschmutzung der Gewässer, Vergrößerung des Ozonloches und dem Fortschreiten des Waldsterbens. Weltraum-

labors ermöglichen neue medizinische Erkenntnisse. Trotz einer von den Siegermächten erzwungenen Zwangspause auf dem Gebiet der luftfahrt- und militärtechnischen Entwicklungen in Deutschland, sind deutsche Firmen heute wieder führende Zulieferer von Spitzentechnik im Luft- und Raumfahrtbereich. Der Ursprung von all dem lag in Peenemünde, wo das Tor zum Weltall erstmals geöffnet wurde.
Aus dieser Entwicklung heraus ist die geplante Errichtung eines Weltraumparkes mit seiner »pädagogischen Seite« an dem historischen Standort Peenemünde und die Rekonstruktion des legendären Prüfstand »P VII« zu begrüßen. Es geht darum, praktisches Kennenlernen der modernen Raumfahrt zu ermöglichen. Eine Konzeptstudie der deutschen Luft- und Raumfahrtindustrie liegt bereits vor, und die Raumfahrtpark Betriebsgesellschaft mit einem Ex-NASA-Spezialisten als Geschäftsführer wurde 1994 gegründet.

Hans-Joachim Polte

Geleitwort

Peenemünde – das ist immer wieder ein Reizwort. Einerseits ist es mit der deutschen Raketenforschung, andererseits mit der wechselhaften Geschichte der militärischen Besetzung und Nutzung durch verschiedene Machthaber verbunden.
Obwohl der Ort bereits im 12. Jahrhundert urkundlich erwähnt wurde, ist das Jahr 1630 ein Meilenstein in seiner Geschichte. Zu dieser Zeit landete König Gustav II. Adolf von Schweden bei Peenemünde, um in die Kämpfe des Dreißigjährigen Krieges einzugreifen. Ein Gedenkstein nahe der Kapelle erinnert an dieses Ereignis.
Von jeher waren Bewohner des Ortes überwiegend Fischer und lebten von den Erträgen oder von den kargen Ernten recht und schlecht. Vom Fischerdorf und seinen Bewohnern ist heute fast nichts mehr zu sehen, da die Menschen im Zuge des Baus der streng geheimen Versuchs- und Erprobungsanlagen im Nordteil der Insel Usedom ab 1936 zwangsevakuiert wurden.
In dem umfangreichen Areal ab Trassenheide entstanden hochmoderne Versuchsanlagen und Werkstätten für die Luftwaffe und das Heer. Zeitweilig waren bis zu 18 000 Mitarbeiter für die Raketenproduktion tätig. Zu ihnen gehörten aber nicht nur so berühmte Wissenschaftler wie Oberth, Nebel, Riedel und von Braun, sondern auch Tausende von Fremdarbeitern und Kriegsgefangenen. Im Frühjahr 1943 kamen auch Häftlinge aus Konzentrationslagern hinzu, die die forcierten Baumaßnahmen unter menschenunwürdigen Bedingungen durchführen mußten. Wie so oft in der Geschichte wurde der menschliche Schöpfergeist dazu genutzt, um Waffen zu produzieren. Die Raketen des Typs A4 und Flugbomben Fi-103 – V 2 und V 1 – genannt, zerstörten das Leben vieler Tausender von Menschen in Großbritannien und den Niederlanden.
Die Idee vom Flug zum Mond konnten die Wissenschaftler nicht verwirklichen. Den Mißbrauch des Gedankens der Weltraumfahrt durch den Nationalsozialismus nahmen sie zum Teil unbewußt, teils wissentlich in Kauf. Jede wissenschaftliche Entdeckung und jede Erfindung kann von jedem politischen System mißbraucht werden. So trägt nicht nur ein einzelner, sondern die ganze Gesellschaft die Verantwortung.
Die Bürger von Peenemünde setzen sich für eine objektive Aufarbeitung der wechselvollen Geschichte ihrer Gemeinde ein. Sie nutzen die Chance des Neubeginns und möchten dem Besucher Peenemünde als weltoffene Gemeinde und Ort der Begegnung und Diskussion empfehlen.

Günter Koch
Bürgermeister der Gemeinde Peenemünde

II. Geschichtlicher Überblick

Mecklenburg-Vorpommern/Peenemünde

Eine der schönsten und von der Natur verwöhnten Landschaften Deutschlands ist zweifelsohne Mecklenburg-Vorpommern, in der Mitte durchzogen von der reichbewaldeten Mecklenburger Seenplatte. In diesem norddeutschen Landstrich an der Ostsee findet man Seebäder mit dem Glanz vergangener Tage, alte Handwerkskunst, schöne Schlösser und romantische Fischerdörfer. Hier liegt auch Vorpommerns sogenannte »Boddenküste«, Deutschlands größte Insel Rügen und die Insel Usedom mit dem Ort Peenemünde, der erst durch die Raketenforschung über seine Grenzen hinaus bekannt wurde.

Die Geschichte gibt Auskunft darüber, daß nach der Abwanderung germanischer Stämme während der Völkerwanderung dieses Gebiet zwischen dem 4. und 7. Jahrhundert nach und nach von slawischen Völkern besiedelt wurde. Der Abodritenfürst wurde im Jahr 1170 deutscher Reichsfürst und seine Nachkommen, die bis 1918 regierten, waren seit 1348 Herzöge. Durch Teilungen in den Jahren 1611 und 1621 entstanden die Linien Mecklenburg-Schwerin und Mecklenburg-Güstrow.
Letztere ist 1695 ausgestorben. Dafür folgte ab 1701 die Linie Mecklenburg-Strelitz. Beide wurden 1808 zwangsweise Mitglieder des Rheinbundes und 1815 Großherzogtümer. 1820 wurde die Leibeigenschaft aufgehoben, doch blieb bis 1918 die altständische Verfassung erhalten, laut welcher der Landtag aus sämtlichen Rittergutsbesitzern bestand.
Nach der Novemberrevolution 1918 wurden beide Großherzogtümer zu Freistaaten, die 1934 zum Land Mecklenburg vereinigt wurden. 1945 wurden Vorpommern und Rügen angegliedert und Mecklenburg-Vorpommern wurde sowjetische Besatzungszone. Das auch als Ostzone bezeichnete Gebiet konstituierte sich 1949 als Staat. Nach der deutschen Vereinigung entstanden daraus die neuen Bundesländer der Bundesrepublik Deutschland. Mit 1,87 Millionen Einwohnern und einer Fläche von 23 421 qkm hat Mecklenburg-Vorpommern heute die geringste Bevölkerungsdichte aller 16 Bundesländer.

Eingebettet im Peenemünder Haken, an der Nordwestspitze der Insel Usedom, liegt der Ort Peenemünde, ein altes Bauern- und Fischerdorf mit einer schicksalsschweren Geschichte. Der Name des Ortes ist von der Lage an der Mündung der Peene in die Ostsee her abgeleitet worden.
Funde aus der Steinzeit geben Zeugnisse über die Besiedlung des Peenemünder Winkels bereits 2000 Jahre v. Chr. Diese aus Granit oder Feuerstein bestehenden Steinwerkzeuge wurden im Swinemünder Kreisheimatmuseum aufbewahrt, sind jedoch seit 1945 verschollen. Durch das »Gold

der Ostsee«, dem Bernstein, das in den Mittelmeerländern sehr begehrt war, war Usedom schon zur Römerzeit sehr bekannt. Funde entlang der alten Bernsteinstraßen zeugen von Handelsverbindungen bis in den Vorderen Orient. An die Besiedlung durch slawische Stämme erinnern noch heute zahlreiche Ortsnamen. So leitet sich der Name Usedom vom slawischen »Unznam« ab, was soviel wie »Ort an der Mündung« bedeutet. Die Slawen wurden im Zuge der gewaltsamen Christianisierung durch deutschstämmige Siedler, die die dichten Wälder rodeten und Felder anlegten, verdrängt. Die Christianisierung erfolgte durch Bischof Otto von Bamberg, der zwischen 1124 und 1128 mehrere Missionsreisen in diese Region unternahm. 1155 gründeten Mönche des Prämonstratenserordens in Grobe ein Kloster, das 1309 nach Pudagla verlegt wurde. Durch die Reformation gingen Kloster und Insel in den Besitz der Herzöge von Pommern-Wolgast über.
Seine erste urkundliche Erwähnung verdankt der Ort Herzog Bogislaw IV. von Pommern. Im Jahr 1282 schenkte er das Gelände im Rahmen der Verleihung des lübischen Stadtrechts der Stadt Wolgast. In dieser Urkunde bestätigte der Herzog auch alle schon bestehenden Rechte der Stadt an dem zu Peenemünde gehörenden Hafen und über die Insel »Swante Wostrossna« – heiliges Land (Greifswalder Oie).

Die spätere Peenemünder Schanze war schon im 15. Jahrhundert als Zoll- und Lotsenstation bekannt. Hier wurde der »Pommersche Fürstenzoll« erhoben und hier gingen auch die Lotsen für die Pommernfahrt auf der Oder an Bord.

Zu Beginn des Dreißigjährigen Krieges war die Peenemünder Schanze und die bei Kröslin befindliche Schanze kaum ausgebaut und ohne Besatzung. Herzog Bogislaw XIV., der die Herzogtümer Pommern-Wolgast und Pommern-Stettin regierte, schloß im Jahr 1627 mit Oberst von Arnim, dem Kommandeur der Wallensteinschen Truppen, die Franzburger Kapitulation. Oberst Hebron, Gesandter des Kaisers Ferdinand II., ließ in Peenemünde auf Weisung Wallensteins eine hohe und stark befestigte Schanze bauen und mit kaiserlichen Soldaten besetzen. Diese »Peenemünder Schanze« bestimmte über Jahrhunderte das Schicksal des Ortes. Sie sollte den Peenestrom, den damals bedeutendsten schiffbaren Mündungsarm der Oder beherrschen.

Am 24. Juni 1630 erreichte Gustav II. Adolf von Schweden mit seiner Flotte die Peenemündung. Er nahm ohne große Gegenwehr die Peenemünder Schanze in Besitz. Der König verbrachte die erste Nacht auf deutschem Boden in Peenemünde. Noch heute erinnert ein Denkmal auf dem Heimatfriedhof an den Schwedenkönig. Der Gedenkstein wurde 1930 von deutschen Verehrern des Schwedenkönigs, anläßlich der 300jährigen Wieder-

Denkmal
Gustaf Adolf II.

kehr seiner Landung, errichtet. Die Inschrift lautet: »Verzage nicht, Du Häuflein klein.« In den Jahren 1648 bis 1720 gehörte Peenemünde, genauso wie Wolgast, zu Schweden. In dieser Zeit wurde die Peenemünder Schanze mehrfach für kurze Zeit auch von anderen Truppen besetzt. Erst nach dem Nordischen Krieg, den Rußland, Polen und Sachsen gegen Karl XII. von Schweden führten, fiel mit dem Friedensschluß vom 10. September 1721 Vorpommern bis zur Peene mit den Inseln Usedom und Wollin an Preußen. Wolgast dagegen blieb schwedisch.

Die letzten und schwersten Kämpfe hatte die Peenemünder Schanze im Siebenjährigen Krieg zu bestehen. In dieser Zeit wurde sie mehrfach wechselnd von schwedischen und preußischen Truppen eingenommen und besetzt. Friedrich der Große war des ewigen Kampfes um die Peenemünder Schanze müde und befahl General von Manteuffel, diese schleifen zu lassen. Als Lotsen- und Zollstation blieb sie jedoch bis 1903 bestehen.

Ein großer Teil des um Peenemünde liegenden Waldes wurde in diesen Kriegen durch Brände vernichtet. Nach der großen Sturmflut von 1872, die auch

das Dorf Peenemünde schwer traf, setzte ein großes Baumsterben ein. Rund 12 000 Festmeter Holz mußten eingeschlagen werden.
Peenemünde lebte von der Landwirtschaft und vom Fischfang. Im Jahr 1887 wurde die Strandreusenfischerei auf Heringsfischerei umgestellt. In den Nachbargemeinden begann sich bereits um 1880 der Bade- und Kurbetrieb zu entwickeln, nachdem bereits 1821 das erste Seebad in Swinemünde eröffnet wurde. Heringsdorf zählte 1880 bereits 4 300 Badegäste und Zinnowitz konnte 1900 schon rund 6 000 Badegäste aufweisen. In einem Prospekt aus dem Jahre 1932 wird der Luft- und Badekurort »Seebad Peenemünde« so vorgestellt: »Der Ort hat 500 Einwohner und zwei Gasthöfe. Von der Schanze aus hat man einen Überblick über den Greifswalder Bodden und einen Teil der Insel Rügen. Der Naturfreund kann zwischen Peenemünde und der Ostsee die reiche Vogelwelt beobachten, die in den Dünen und dem weiten Strand noch reichhaltiger ist.«

Peenemünde um 1930

Bis 1936 blieb Peenemünde im Besitz der Stadt Wolgast. Wernher von Braun suchte Ende 1935 im Auftrage des Heereswaffenamtes ein neues größeres Versuchsgelände für geheime Raketenforschungen der Wehrmacht. Während eines Besuches von Verwandten in der Nähe von Anklam wurde er auf das Jagdgebiet seines Großvaters, die Nordwestspitze der Insel Usedom, aufmerksam. Bei einer Besichtigung erkannte er die Vorteile dieses Gebietes. Es war abgeschieden, konnte gut gesichert werden und hatte ein Schußfeld entlang der pommerschen Küste von mehr als 300 km. Wernher von Braun sagte später dazu : »Es war Liebe auf den ersten Blick.« Im Frühjahr 1936 kaufte die Wehrmacht dieses Gelände von der Stadt Wolgast und Privatpersonen ab. Von diesem Geld konnte sich Wolgast eine Kanalisation bauen. Der Traum von einem Seebad war damit für Peenemünde jedoch ausgeträumt.

Die Peenemünder Einwohner wurden im Zuge des Baus der Heeresversuchsanstalt und der Luftwaffenerprobungsstelle vom Nordteil der Insel Usedom im Jahr 1936 umgesiedelt. Nur fünf Einheimische verblieben im Ort. Peenemünde wurde das Tor zum Weltall und die Wiege der Raumfahrt.

III. Geschichte der Raketenforschung

Der Traum vom Fliegen

Der Traum vom Fliegen ist so alt wie die Menschheit. Schon im Altertum waren ihre Religionen und ihre Träume reich an unglaublichen Geschichten von fliegenden Löwen, Drachen, Pferden und geflügelten Götterboten. Immer schon war es der Wunsch des Menschen, sich wie ein Vogel mühelos in die Luft zu erheben.

Schon früh beschäftigten sich die Menschen damit, wie sie die Erde verlassen könnten, um in andere Welten zu gelangen. Dies spiegelt sich in vielen alten Märchen und Legenden wider. Um 1500 v. Chr. soll der Sage nach König Kei Kaus versucht haben, mit einem fliegenden Thron zum Himmel aufzusteigen. Die Adler, die den Thron emporhoben, ermüdeten jedoch und das Vorhaben mißlang.
Im zweiten Jahrhundert n. Chr. schrieb der Grieche Lucian von Samos eine Traumgeschichte von einem Menschen, der von einem Wirbelsturm zum Mond getragen wurde. In seiner zweiten Geschichte über den Weltraum ließ Lucian seinen Helden mit einem Paar selbstgefertigter Flügel zum Mond fliegen.
Der Mond war oft das Reiseziel solcher Phantasien, denn er leuchtete nicht nur hell und groß über der Erde, sondern er hatte auch sichtbare Markierungen, die man für Land- und Seegebiete halten konnte.
Als der italienische Naturforscher Galileo Galilei (1564 bis 1642) verkündete, es gäbe noch andere Sterne, träumten Dichter und Gelehrte davon, diese Welten zu erreichen. Der deutsche Astronom Johannes Kepler, der 1609 die nach ihm benannten Gesetze der Planetenbewegung veröffentlichte, schrieb auch eine phantastische Geschichte über eine Fahrt zum Mond. Sein Held reist mit Hilfe von »Wundermenschen des Mondes« durch den Weltraum.

Nach Kepler wurden noch viele andere Berichte über Fahrten und Reisen zum Mond geschrieben. In einigen ist aber schon wissenschaftliches Gedankengut zu erkennen. So schilderte 1640 der englische Bischof Wilkins die physikalische Beschaffenheit des Mondes und erwog, ob und unter welchen Umständen man vielleicht auf dem Mond leben könnte. Der Franzose Cyrano de Bergerac berichtete als erster von einer Rakete, die als Raumschiff dienen sollte. In seiner »Reise zum Mond« und der »Geschichte der Republik der Sonne« kommen Raumfahrer vor, die in einer Rakete zum Mond und zur Sonne reisen. Auch Jules Verne läßt in seinen Büchern »Von der Erde zum Mond« und »Reise um den Mond« einen Menschen zum Mond fliegen.

1899 erfolgte die Uraufführung der Operette »Frau Luna« von Paul Lincke, in der vier Berliner mit einem Ballon zum Mond reisen und in Frau Lunas Reich landen. Der Fritz-Lang-Film »Frau im Mond« wurde ebenfalls nach einem Zukunftsroman bei der UFA-Filmgesellschaft gedreht. Premiere war am 15. Oktober 1929. Anfang unseres Jahrhunderts erschienen Abhandlungen, die sich bereits wissenschaftlich fundiert mit der Raumfahrt beschäftigten. In seiner Schrift »Über die Erforschung der Welträume durch Reaktionsapparate« aus dem Jahr 1903 beschreibt der Russe Konstantin E. Ziolkowski die Anwendung des Stufenprinzips bei Raketen. 1924 folgte sein Buch »Eine Rakete in den kosmischen Raum« .
Der amerikanische Raketenpionier Robert H. Goddard brachte 1919 sein Buch »A Method of Reaching Extreme Altitudes« (Eine Methode zum Erreichen sehr großer Höhen) auf den Markt.
Hermann Oberth veröffentlichte seine 1921 bei der Heidelberger Universität eingereichte und abgelehnte Doktorarbeit. Sein Buch »Die Rakete zu den Planetenräumen« erschien 1923 im Oldenbourg-Verlag München und war die erste umfassende Schrift zur wissenschaftlichen Astronautik. Nachdem auch die zweite Auflage von 1925 vergriffen war, kam 1929 eine erweiterte, dritte Fassung unter dem Titel »Wege zur Raumschiffahrt« heraus. Dieses als »Bibel der Astronautik« bezeichnete Buch wurde in fast alle Kultursprachen übersetzt und gilt bis heute als das Standardwerk der Raumfahrt. Exemplare der 5. Auflage aus dem Jahre 1984 sind über den »Uni«-Verlag in Feucht erhältlich.

1924 erschien ein Buch des Essener Stadtingenieurs Walter Hohmann über die Raumschiffbahnen zwischen den Planeten. Eine der von ihm errechneten Bahnen hat bei den Bahnberechnungen der Marssonden und eine andere bei der Berechnung der Umlaufbahnen der Venussonden Pate gestanden.

Am 3. Oktober 1942 wurde mit dem erfolgreichen Start der ersten Großrakete A-4 in Peenemünde aus den Geschichten und Träumen Wirklichkeit, der Flug ins All wurde Realität und es war nur noch eine Frage der Zeit, wann der erste Mensch eine Reise durch den Raum antreten konnte.

Anfänge der Raketenentwicklung

Die Entwicklung raketenähnlicher Flugkörper begann in China, wo bereits im 13. Jahrhundert eine umfangreiche Literatur mit Anleitungen zur Herstellung der verschiedensten Pulverraketen existierten. Sie dienten nicht nur dazu, den abendlichen Himmel bei kaiserlichen Festen mit Feuerwerk zu erhellen, sondern chinesische Militärs nutzten diese »Pfeile des fliegenden

Feuers« bereits als neue Waffe, um unter ihren Feinden Verwirrung und Zerstörung anzurichten. Im Jahr 1233 bekämpften sie mit »fliegenden Feuerstöcken« die Mongolen, die ihre Stadt Keifeng erobert hatten. 1499 versuchte ein chinesischer Mandarin namens Wan-Hu sich mit Hilfe von Raketen vom Erdboden zu lösen. Er setzte sich in einen Kastendrachen aus Bambus und Papier, der mit 47 Pulverraketen bestückt war. Zur Zündung dieser Treibsätze standen Diener mit brennenden Fackeln bereit, die auf sein Zeichen die Pulverladungen anbrannten. Die Explosion vernichtete nicht nur den Drachen, sondern zerschlug auch alle weiteren Vorhaben dieser Art.

Im 18. Jahrhundert unterhielt der indische Sultan von Misore bereits an die 5 000 Raketenwerfer für militärische Zwecke. In Indien lernten später auch die Engländer diese Waffe kennen, aus der der englische Artillerieoffizier William Congreve jene »Rockets« mit Sprengsatz konstruierte, die in den Schlachten des 19. Jahrhunderts erfolgreich eingesetzt wurden. William Congreve schoß damit im Jahre 1807 von See her Kopenhagen in Brand. Mit der Entwicklung der Artillerie ging die Bedeutung dieser Waffe gegen Ende des vorigen Jahrhunderts zurück. Ihr Anwendungsbereich beschränkte sich auf Signal-, Feuerwerks- und Rettungsraketen in der Seefahrt sowie für den Harpunenantrieb.

Zu Beginn des 20. Jahrhunderts wurde der inzwischen vergessene Gedanke des Raketenantriebs von einzelnen voneinander unabhängig arbeitenden Forschern erneut aufgegriffen. Dabei wurde jedoch weniger an einen militärischen Einsatz gedacht, sondern viel mehr an einen Antrieb für schnelle Fahrzeuge. Max Valier, ein österreichischer Fliegeroffizier aus Bozen, entwickelte Raketenautos und -schlitten. In Zusammenarbeit mit Fritz von Opel und Friedrich Wilhelm Sander konstruierte er den Raketenantrieb für einen Rennwagen, mit dem Fritz von Opel am 23. Mai 1928 auf der Berliner Avus eine für damalige Vorstellungen unwahrscheinliche Geschwindigkeit von 230 Stundenkilometern erreichte. Ab 1929 entwickelte Max Valier ein Triebwerk mit Flüssigsauerstoff und Alkohol bei der Firma Heylandt in Berlin und am 19. April 1930 fuhr das erste mit flüssigem Treibstoff betriebene Raketenfahrzeug der Welt. Bei einem Versuch mit einem Triebwerk mit höherer Leistung kam Max Valier am 17. Mai 1930 durch Explosion des Triebwerkes ums Leben. Er starb in den Armen von Ing. Walter Riedel, der später in Peenemünde-Ost enger Mitarbeiter von Dr. Wernher von Braun wurde.

Während man bis dahin durchweg mit Pulverraketen arbeitete, erprobten der Physikprofessor Robert H. Goddard in Amerika und Johannes Winkler in Deutschland die ersten Flüssigkeitsraketen. In Breslau gründete Winkler im Jahre 1927 den »Verein für Raumschiffahrt«, der später seinen Sitz in Berlin hatte und die Zeitschrift »Die Rakete« herausgab. Johannes Winkler konstruierte die erste Flüssigkeitsrakete Europas, Hückel-Winkler-Rakete 1 (HW 1). Der Start am 14. März 1931 bei Dessau wurde ein voller Erfolg. Während des Krieges war Johannes Winkler an der Forschungsanstalt für Luftfahrt in Braunschweig beschäftigt.

Das Buch »Eine Rakete in den kosmischen Raum« des Russen Konstantin E. Ziolkowski erschien 1924 auch in Deutschland und fand dort große Aufmerksamkeit. Im Jahre 1923 veröffentlichte Hermann Oberth, der Nestor der deutschen Raketenwissenschaftler, sein Werk »Die Rakete zu den Planetenräumen« mit den exakten Berechnungen der Weltraumrakete. Dem am 5. Juli 1927 gegründeten »Verein für Raumschiffahrt« gehörten unter anderem die Techniker Johannes Winkler, Max Valier, Hermann Oberth, Walter Riedel, Rudolf Nebel, Engel und Wernher von Braun an. Die Ingenieure Rudolf Nebel und Klaus Riedel erwarben ein Gelände bei Berlin-Reinickendorf, um ihre Versuche ungestört durchführen zu können. Mit Unterstützung verschiedener Firmen errichteten sie hier eine Werkstatt und einen Prüfstand für Flüssigkeitsraketen. Der ehemalige Raketenflugplatz Reinickendorf liegt heute auf dem Gelände des Flughafens Tegel.

Durch zahlreiche Veröffentlichungen und dem Fritz-Lang-Film »Die Frau im Mond« (Erstaufführung 15. Oktober 1929) beschäftigten sich viele Amateur-Enthusiasten mit der Raketentechnik. Mit seinen lebenserhaltenden Apparaten und mehrstufigen Raketen nahm der Film viele der Ideen vorweg, die Jahre später verwirklicht wurden. Der Film war mehr als reine Phantasie, denn als fachlichen Berater hatte der Regisseur Hermann Oberth, der alle in diesem Film verwendeten Raketenmodelle entwarf, engagiert. Sowohl das allgemeine wie auch das militärische Interesse an der Raketenentwicklung wurde nun verstärkt geweckt. Deutschland war jetzt das führende Land der vom Entdecker- und Forschergeist vorangetriebenen Raketenentwicklung. Dann kam die Wirtschaftskrise, und für die deutsche Raketengesellschaft und ihre Amateurexperimentierer war kein Geld mehr vorhanden. Der bis dahin genutzte Raketenflugplatz in Berlin-Reinickendorf wurde wieder entsprechend seiner ursprünglichen Bestimmung zum Waffenlager. Viele Raketenforscher, deren Arbeit großes Interesse gefunden hatte, zerstreuten sich in alle Winde.
Das Ziel all dieser Experimente war aber von Anfang an der bemannte Raumflug.

Viele Forscher arbeiteten an der Entwicklung des Raketenantriebs, und alle waren davon überzeugt, daß die Raumfahrt nur mit Fluggeräten möglich ist, die nach diesem Antriebsprinzip arbeiten, denn Raketen brauchen im Gegensatz zu den »klassischen« Luftfahrzeugen keine Lufthülle als Träger. Diese hindert den Raketenflug sogar durch den unvermeidlichen Rei-

bungswiderstand. Solange die Triebwerke einer Rakete arbeiten, wird diese durch den Raum geschoben. Hat sie die Atmosphäre überwunden und die erforderliche Geschwindigkeit erreicht, ist kein weiterer Antrieb nötig. Sie folgt dann nur noch den Fliehkräften. Da mit zunehmender Höhe die Dichte der Luft ständig abnimmt und auch der Sauerstoffgehalt nicht nur weniger wird, sondern ab ca. 100 Kilometer Höhe praktisch nicht mehr vorhanden ist, muß die zur Verbrennung notwendige Menge Sauerstoff in der Rakete mitgeführt werden.
Hermann Oberth beschreibt bereits in seinem ersten Buch den Aufbau einer Rakete. Um außerhalb der Atmosphäre funktionieren zu können, muß eine Rakete ein selbstständiges, unabhängiges System sein und aus folgenden Komponenten bestehen: einer Kammer für das Steuerungssystem, von dem aus Anweisungen an den Steuermechanismus weitergeleitet werden, einer Kammer für den Oxydator, da der Weltraum ein luftleerer Raum ist, einer Verbrennungskammer, in der die Explosion erfolgt, die der Rakete den Schub gibt und eine Vorrichtung, die den Flug der Rakete stabilisiert. Dies in die Praxis umzusetzen, erforderte eine völlig neue Technologie.

Alle diese Forschungen verliefen unabhängig voneinander, und zumeist wußten die Forscher und Konstrukteure nichts von den Erfolgen und Mißerfolgen ihrer Kollegen.

Raketenversuchsstelle Kummersdorf

Nachdem Deutschlands Rüstungsindustrie durch den Versailler Vertrag erheblichen Beschränkungen unterlag, war das Heereswaffenamt auf der Suche nach neuen, die Bestimmungen des Vertrages nicht verletzenden Waffenentwicklungen. So wurde bereits Ende 1929 beschlossen, Versuche einzuleiten, um die Möglichkeit der Verwendung des Strahlantriebes für militärische Zwecke zu erproben. Dazu wurde dem ballistischen Referat des Heereswaffenamtes das Aufgabengebiet der Raketenentwicklung übertragen. Die Heereswaffen-Prüfanstalt baute zu diesem Zweck das Artillerie-Versuchsgelände Kummersdorf-West, 28 Kilometer südlich von Berlin in der Mark Brandenburg gelegen, zum Raketenversuchsgelände aus. An der Spitze der eigens dafür eingerichteten Abteilung Wa Prüf 11 (Abteilung für Sondergerät) stand der damalige Major der Artillerie und spätere General, Dr. Walter Dornberger. Da sich bis dahin weder die Industrie noch irgendeine Hochschule mit der Entwicklung von Hochleistungsraketenantrieben befaßte, mußte das Heereswaffenamt mit den einzelnen Erfindergruppen Verbindung aufnehmen, diese finanziell unterstützen und auf Ergebnisse hoffen.
Walter Dornberger richtete Mitte 1932 auf dem Raketenversuchsgelände des Heereswaffenamtes in Kummersdorf eine eigene Versuchsstelle für Flüs-

sigkeitsraketen ein. In dieser Versuchsstelle Kummersdorf-West sollten mit wissenschaftlicher Gründlichkeit die bisher aufgestellten Theorien in die Praxis umgesetzt werden. Man bewegte sich auf technischem Neuland und benötigte erst einmal Diagramme über Leistung und Verbrauch von Raketenbrennkammern. Zu diesem Zweck begann man mit der Entwicklung einer 300 Kilogramm Schub gebenden Brennkammer, die später auf Hochleistung gebracht werden sollte. Man entsagte allen Weltraumphantasien und begann mit harter Forschungs- und Entwicklungsarbeit.

Am 1. Oktober 1932 war der zwanzigjährige Student Wernher von Braun als Zivilangestellter in das Heereswaffenamt eingetreten und dem Referat unter Walter Dornberger zugeteilt worden. Dieser hatte Wernher von Braun als ersten Sachbearbeiter dem Heereswaffenamt vorgeschlagen. Wernher von Braun, der sich schon als Schüler mit Astronomie beschäftigt hatte, arbeitete neben seinem Studium an der Technischen Hochschule Berlin auf dem Raketenflugplatz Berlin-Reinickendorf, in der Hoffnung, eines Tages zu seinen geliebten Sternen selbst vorstoßen zu können. Dabei war er Dornberger durch sein geschicktes Zupacken und durch sein erstaunliches theoretisches Wissen aufgefallen. Einen Monat später trat auch der Ingenieur Walter Riedel von den Heylandt-Werken in Berlin-Britz dieser Entwicklungsgruppe als Versuchsingenieur und Konstrukteur bei.

Um erste Grundlagenergebnisse zu erhalten, arbeitete man mit einer 20 Kilogramm Schub liefernden Flüssigkeitsraketen-Brennkammer. Der erste Brennversuch mit einem Flüssigkeitstriebwerk am 21. Dezember 1932 endete in einem Feuerball, was noch einige weitere Male vorkommen sollte. Die Versuche wurden von Dr. Wahmke, dem Oberfeuerwerker Voellmecke und Studenten der Forschungsabteilung durchgeführt. Dr. Wahmke machte damals Versuche mit 90prozentigem Wasserstoffsuperoxyd und Spiritus. Jeder dieser Stoffe war für sich allein bei richtiger Handhabung ungefährlich. Im März des Jahres 1934 entschloß sich Dr. Wahmke, diese beiden Stoffe zu mischen und sie durch ein einziges Ventil in die Raketenbrennkammer eintreten zu lassen. Es erfolgte eine Zündeinsatzexplosion in der Brennkammer, die sich durch die Zuleitung auf den Behälter übertrug und den Prüfstand zerstörte. Von den vier Teilnehmern an diesem Versuch waren drei tot, darunter auch Dr. Wahmke. Sie waren die ersten, aber auch die einzigen Opfer der Raketenentwicklung des Heereswaffenamtes.

Es gelang der Gruppe, aus der Vielfalt der zu lösenden Aufgaben erste Erfolge zu erzielen. Man entwickelte die erste Rakete A-1 (Aggregat 1). An der Spitze des rund 1,40 m langen und 30 cm dicken Flugkörpers befand sich der 40 kg schwere Rotationskörper zur Stabilisierung. A-1 sollte aus einer mehrere Meter langen Abschußrinne senkrecht nach oben abgefeuert werden; Kopflastigkeit des Fluggerätes verhinderte jedoch den Flug. Noch während der Brennversuche mit der dazu vorgesehenen 300 kg Schub liefernden Verbrennungskammer entschloß man sich, eine 1000 kg Schub liefernde neue Raketenbrennkammer aus Duraluminium einzusetzen. Dazu wurde 1934 ein neuer Prüfstand für hohe Leistungen in Kummersdorf gebaut. Rückschläge verzögerten die Entwicklungsarbeit, denn es stellte sich heraus, daß gewonnene Erfahrungswerte sich nicht ohne weiteres von einer kleinen Raketenbrennkammer auf eine größere übertragen lassen. Während die A-1 noch Schwierigkeiten mit dem Schwerpunkt hatte, gelang es im Dezember 1934 von der Nordseeinsel Borkum aus, die ersten zwei Prototypen »Max« und »Moritz« der A-2, einer vom deutschen Heer entwickelten Flüssigkeitsrakete, mit einer Gesamtsteighöhe von 2,2 km erfolgreich zu starten. A-2 war triebwerksmäßig genau wie A-1 gebaut, jedoch wurde der Kreisel von der Spitze in die Mitte des Flugkörpers verlegt.

Bei einem Besuch der Kummersdorfer Versuchsstation durch Generaloberst von Fritsch sagte dieser dem Raketenprojekt seine volle Unterstützung zu, jedoch unter der Bedingung, aus dem Raketenantrieb eine brauchbare Waffe zu machen.

Auch die Luftwaffe wollte von der neuen Entwicklung profitieren und verlangte ein Raketensystem, das sich bereits in vorhandene Flugzeuge mit Propellerantrieb einbauen ließ. Das Entwicklungsteam nahm diesen Auftrag an, denn die neu aufgestellte deutsche Luftwaffe verfügte über Geld und zahlte für diese Entwicklungsarbeiten.
Schon nach kurzer Zeit baute Wernher von Braun mit seinen Mitarbeitern ein 90 Sekunden brennendes Triebwerk als Zusatztriebwerk in das Heck einer einmotorigen Heinkel 112 ein.
Dem Chef der Entwicklungsabteilung des Luftfahrtministeriums, Oberstleutnant Wolfram Freiherr von Richthofen, schlug man den Bau einer gemeinschaftlichen Anlage vor, um so den Raketenantrieb auch als Starthilfe für schwere Bomber und als Raketenwaffe für Jagdflugzeuge verwenden zu können. Die Luftwaffe war an diesen kampfwertsteigernden Maßnahmen sehr interessiert und zahlte für die Fortsetzung der Entwicklungsarbeiten 5 Millionen Reichsmark.
Das Heer wollte jedoch, daß die Luftwaffe auf dem Gebiet der Raketentechnik der nachgeordnete Teil bleibe. Als Reaktion auf die Zahlung der Luftwaffe setzte der Leiter des Beschaffungsamtes, General Prof. Dr.-Ing. Becker, 6 Millionen Reichsmark dagegen, womit dem Entwicklungsteam nun 11 Millionen Reichsmark zur Verfügung standen.

Der Platz in Kummersdorf war zwischenzeitlich viel zu klein geworden. Auch stieg das Risiko einer Katastrophe, falls eine der Flüssigkeitsraketen einmal einen anderen als den vorausberechneten Weg nehmen würde. Somit mußte ein neuer Versuchsplatz gefunden werden, der aus Gründen der

Geheimhaltung abgelegen sein und ein Arbeiten unabhängig von Jahreszeit und Umgebung erlauben mußte. Seit Mitte Dezember 1935 waren Wernher von Braun und Heinkel-Testflieger Erich Warsitz – er flog fünf Jahre später das erste Raketenflugzeug – auf der Suche nach einem Platz, der diese Bedingungen erfüllte. Das große Waldgelände im Norden der Insel Usedom, weitab von größeren Städten in unberührter Einsamkeit gelegen, wurde als geeignet befunden. Bei einer Hauptschußrichtung parallel zur pommerschen Küste, Richtung Nordost, boten sich vom Land aus auf mindestens 300 Kilometern hervorragende Beobachtungsmöglichkeiten. Ein weiterer Vorteil gegenüber der Nachbarinsel Rügen war die »Greifswalder Oie«, eine der Peenemündung vorgelagerte Insel, von der aus ebenfalls ganzjährig die Versuche durchgeführt werden konnten. Zusätzlich ließen sich hier auch weitere Meßstationen errichten.

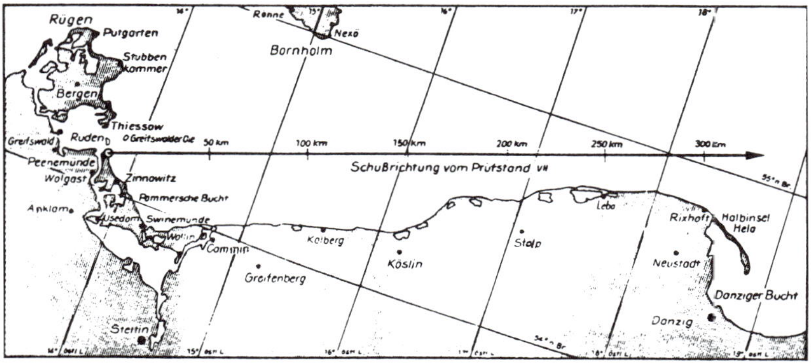

Im April 1936 wurde in einer Besprechung bei General Kesselring, Chef der Luftzeugmeisterei, beschlossen, die »Heeresversuchsanstalt Peenemünde« und die »Erprobungsstelle der Luftwaffe« zu errichten. Noch am gleichen Tag erfolgte der Ankauf des Geländes zum Preis von 750 000 Reichsmark, und im August des gleichen Jahres begannen die Bauarbeiten am Peenemünder Haken.

IV. Heeresversuchsanstalt Peenemünde

In einem Rekordtempo begann man ab Sommer 1936 mit dem Bau der notwendigen Anlagen der neuen Raketenversuchsstation. Peenemünde wurde zum bestgehütetsten Geheimnis Deutschlands. Der Reichsarbeitsdienst und die Organisation Todt bauten Hafenanlagen aus, schufen Eisenbahnanschlüsse und errichteten Straßen. Ein Flugplatz, Forschungsanlagen, Produktionsstätten und zahlreiche Abschußrampen für Flugkörper und Startplätze für Raketenversuche entstanden. Reichsminister Albert Speer hatte die bauliche Leitung des Projektes Peenemünde. Um von dem eigentlichen Vorhaben abzulenken, wurde versucht, in- und ausländische Interessenten zu täuschen. Da ein Bauvorhaben in solch großem Rahmen nicht ganz verborgen werden konnte, hieß es, »Professor Speer baut eine neue Stadt an der Ostsee«.

Der Peenemünder Haken wurde im Rahmen der Bauarbeiten 1937 in Peenemünde-West »Luftwaffe« und Peenemünde-Ost »Heer« aufgeteilt. In Peenemünde West entstand die Erprobungsstelle der Luftwaffe, wo das erste einsatzfähige Raketenflugzeug der Welt, die Me 163, entwickelt und erprobt wurde. In Peenemünde-Ost entstand die Heeresversuchsanstalt, die sich mit der Raketenentwicklung beschäftigte.

Offizierkasino Peenemünde

Dazu wurden auf dem Heide- und Waldboden, großzügig und im Stil der damaligen Industrie- und Wohnbauten, die notwendigen Gebäude errichtet. An der Nordspitze der langgestreckten Insel lagen der Prüfstand und die Abschußrampen, dahinter das Entwicklungs- und das Versuchsserienwerk, die Wissenschaftlersiedlung am Südende, dahinter die Gebäude des Wachpersonals. Zu den komfortabelsten Wohnsiedlungen Ende der 30er Jahre gehörte die Wohnsiedlung in Karlshagen. Hier wohnten die Wissenschaftler, Techniker und Beschäftigte mit ihren Familien. Es sollte weder an Komfort noch an kulturellen Annehmlichkeiten fehlen. Die Entwicklung der Peenemünder Bauten war dem Aufbaustab für die Reichshauptstadt übertragen worden, der eine Kopie hauptstädtischen Niveaus hier zu errichten versuchte. Ein Zeichen hierfür war das sogenannte Brandenburger Tor in der Wohnsiedlung Karlshagen.

»Brandenburger Tor«

Zweckmäßige Werkhallen entstanden, und im Versuchswerk wurde später zum erstenmal eine Rakete am »Fließband« produziert. Dazu stand der leistungsfähigste Maschinenpark der damaligen Zeit zur Verfügung. Auch die Versorgungsgebäude entsprachen dem neuesten Stand der Technik.
Das am 5. August 1942 in Betrieb genommene Kraftwerk war zu dieser Zeit das modernste Kohlenstaubkraftwerk Europas. Der Bau wurde im Frühjahr 1938 beschlossen, da der Energie- und Wärmebedarf nicht mehr aus dem allgemeinen Energieversorgungsnetz gedeckt werden konnte. Als Standort wählte man das alte Dorf Peenemünde, da hier genügend Kühlwasser zur Verfügung stand und über den Wasserweg genügend Kohlenbrennstoff herantransportiert werden konnte. Diese Entscheidung bedeute-

te das Ende für das alte Fischerdorf Peenemünde, da für den Bau 80 Prozent der alten Gebäude eingerissen wurden. Aufgrund des seichten Untergrundes mußte das Baugelände aufgespült werden. Dazu wurden 3500 Stahlbetonpfähle in die Erde gerammt. Das Kraftwerk lieferte eine Leistung von 30 Megawatt und gab am 22. November 1942 erstmals Strom in das Verteilernetz ab. Da in seinen Schornsteinen elektrostatische Staub- und Rauchfänger installiert waren, um den Rauchausstoß auf ein Minimum zu reduzieren, blieb es der feindlichen Luftaufklärung verborgen.
Vom Betriebsgebäude 200 Meter entfernt entstand die Bunkerwarte, von wo aus das Kraftwerk teilweise gesteuert werden konnte. Später diente es der Belegschaft auch als Luftschutzbunker.
Die empfindlichste Anlage war das Sauerstoffwerk. Hier wurde flüssiger Sauerstoff produziert, der ein wesentlicher Bestandteil des Raketentreibstoffs war.
Der Peenemünder Überschallkanal wurde im November 1939 in Betrieb genommen. Er befand sich in einem niedrigen, langgestreckten, dreiteiligen, roten Backsteinbau. Im Vorraum des Gebäudes war folgender Spruch in die Wand eingemeißelt: »Die Techniker, Physiker und Ingenieure gehören zu den Bahnbrechern auf dieser Welt.«
Hier ließen sich für Meßzwecke an Raketenmodellen Geschwindigkeiten von über 4 Mach erzeugen. Mach 4,4 bedeutet 4,4fache Schallgeschwindigkeit und entspricht einer Fluggeschwindigkeit von ungefähr 1500 m/sek. Mit diesen Geschwindigkeiten und seinem Meßquerschnitt war er damals der erste und leistungsfähigste Hochgeschwindigkeitswindkanal der ganzen Welt. Leiter des Überschallkanals war Dr. Rudolf Hermann von der Universität Aachen, der bereits an der Planung und Errichtung maßgeblich beteiligt war.

Die Errichtung der Heeresversuchsanstalt Peenemünde bedeutete eine erhebliche Einschränkung der Bewegungsfreiheit für die Bevölkerung der Insel Usedom. Heer und Luftwaffe verfügten die Einrichtung einer Sperrzone, die fast die gesamte Insel umfaßte. Für den äußeren und inneren Sicherheitsbereich wurden verschiedene Berechtigungsausweise zum Betreten vergeben. Für den äußeren Sperrkreis galten Sondergenehmigungen, die innere Sperrzone forderte Sonderausweise für jeden Inselbewohner und Mitarbeiter der Versuchsanstalt. In das Zentrum der Raketenversuchsanlage gelangte nur der Inhaber einer für seinen Arbeitsbereich gültigen Plakette. Alle Zufahrtswege, vor allem die Straße von Trassenheide nach Karlshagen wurden streng überwacht und kontrolliert.
Für den Transport der zahlreichen Beschäftigten innerhalb des weitläufigen Geländes galt es, ebenfalls eine Lösung zu finden. Dazu wurde ein Schienennetz von ca. 75 Kilometer Länge angelegt. In Zusammenarbeit mit der Deutschen Reichsbahn in Berlin wurde eine elektrisch betriebene Werk-

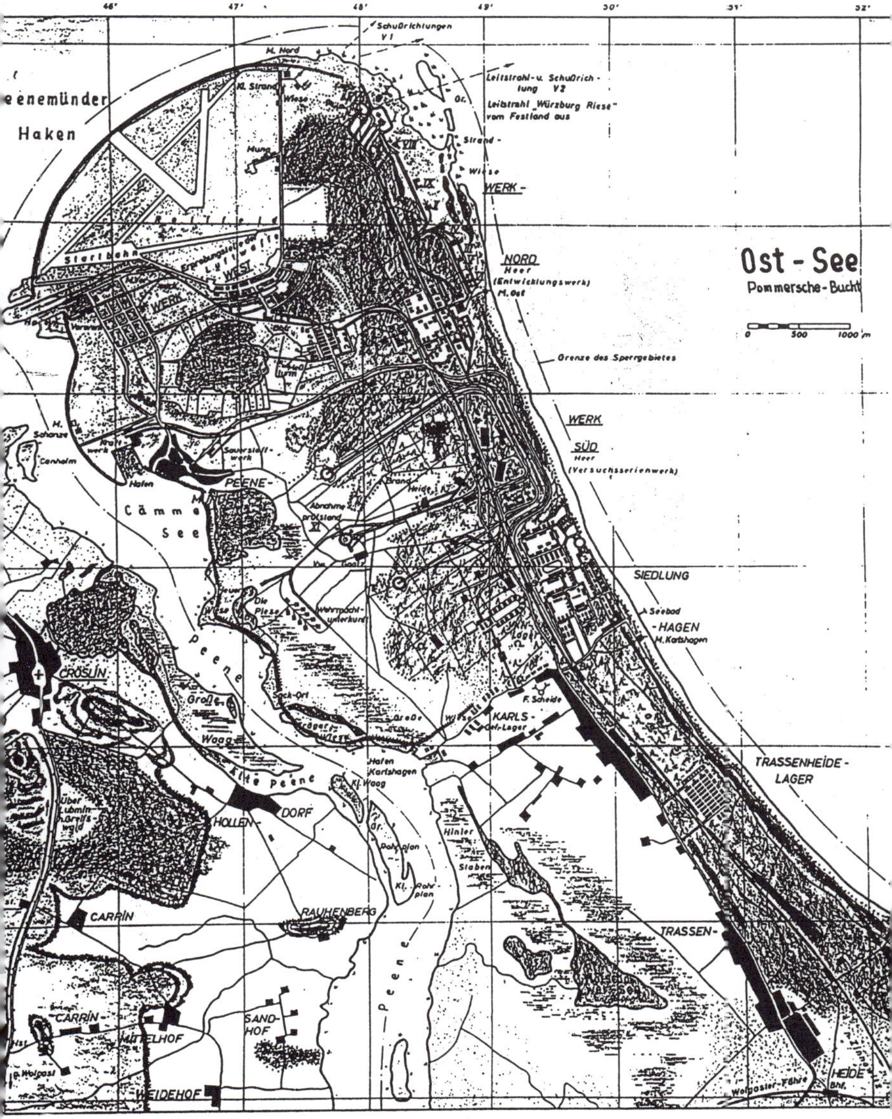

HEER:
- Innerhalb d. Werke: Werkst.- u. Laborgebäude
- Außerhalb: Wohnhäuser u. kl. Ortsteile
- P... Prüfstände für Triebwerke u. Zubehör
- Prüf- u. Abschußstand VII (V2) — Abnahme-prüfstand (V2)
- Unterkunftsbaracken
- Funkmeßgerät

LUFTWAFFE:
- Flugzeughalle – Laborgebäude
- Raketentriebwerkprüfstand

Raketenentwicklungs- u. Erprobungsstelle des Heeres u. der Luftwaffe

Peenemünde a. Usedom

1937 - 1945

- Funkhaus
- Meßhaus
- Bunker
- Abschußschleuder (V1)
- Deich vor künstlich angeschwemmter Küste
- Chaussée
- Weg
- Reichsbahn
- Werkbahn
- Kleinbahn
- Forsthaus
- Kirche
- Mischwald
- Wiese
- Sumpf. Wiese

bahn, die nach dem Vorbild der S-Bahn in Berlin höchsten Anforderungen der Technik entsprach, eingesetzt. Diese fuhr im 5- bis 10-Minuten-Takt. Bis zu den Stationen und gleichzeitigen Kontrollpunkten Zinnowitz und Wolgast konnte man auf dem normalen Schienenweg der Reichsbahn anreisen. Dort wurde nach Kontrolle der Ausweise in die Werkbahn umgestiegen.

Mit dem Bau der geheimen Versuchsanlagen entstanden auch viele Legenden. Daß der Flugplatz zu fluten gewesen war, um ihn der feindlichen Luftaufklärung zu entziehen oder die Möglichkeit, das Kraftwerk »wegzuspiegeln«, sind bis heute unbewiesen.
Die Vermutung, daß in Peenemünde eine U-Bahn im Einsatz gewesen sei, ist jedoch schon aufgrund der sandigen Bodenverhältnisse widerlegbar.

Die Greifswalder Oie, von der A-3 zur A-5

Während in Peenemünde die Bauarbeiten an der Heeresversuchsanstalt zügig vorangingen, begannen im Dezember 1937 auf der kleinen Insel Greifswalder Oie, der Insel Usedom 8 Kilometer nördlich vorgelagert, die ersten Abschußversuche. Die Greifswalder Oie ist ca. 1,5 Kilometer lang und an der breitesten Stelle etwa 550 Meter breit. An der Südwestküste war ein winziger Fischereihafen, ein Gasthof und einige Häuser lagen im südlichen Teil der Insel. An der Nordspitze steht noch heute der 38,6 Meter hohe Leuchtturm, der in den Jahren 1853 bis 1855 erbaut wurde. Während Gasthof und Häuser dem Forschungsteam als Unterkunft dienten, wurde der Raketenstartplatz mit Kontrollbunker gegenüber dem Leuchtturm installiert. Die Verköstigung der rund 120 Akademiker und Ingenieure übernahm der Besitzer des Gasthofes und Gutspächter der Insel, Halliger. Bereits im Mai konnte der größte Teil der Belegschaft der Versuchsstelle Kummersdorf-West nach Peenemünde verlegt werden.

Der Hafen wurde ausgebaggert, Anlege- und Landungsmöglichkeit für schwere Fahrzeuge und Lasten mußte geschaffen werden, Leitungen wurden verlegt und Kontrollstand, Leuchtturm und Gasthof wurden durch eine Telefonleitung verbunden. Für die Fototheodolitstationen wurden vier kleine Betonpyramiden errichtet.
Die Produktionsanlagen waren in Peenemünde bereits fertiggestellt, nicht aber die Prüfstände. Deshalb mußte jede Rakete zur Insel Oie gebracht werden, ebenso der flüssige Sauerstoff. Dazu setzte man eine Personen- und Wagenfähre ein, die sich durch geringen Tiefgang und große Ladefläche auszeichnete. Dieses Dampfschiff, die Wolgaster Reichsbahn-Dampffähre »Stralsund«, existiert heute noch als Museumsschiff und gehört als bewegliches Ausstellungsstück dem Heimatmuseum der Stadt Wolgast.

Während in Kummersdorf die ersten beiden Flüssigkeitsraketen A-1 und A-2 sowie ein Raketenmotor entwickelt und getestet wurden, sollte hier zum erstenmal eine Rakete völlig freistehend direkt vom Boden aus gestartet werden. Eingeweihte sprachen vom »Braunschen Fahrstuhl«. Das Problem war jetzt nicht mehr die dazu notwendige Energie, sondern die Stabilität der Rakete.

Aufrichten einer A-3

Als Versuchsrakete verwendete man die größere A-3, deren Spiritus-Flüssigsauerstoff-Triebwerk 1500 kp Schub entwickelte. Sie war nicht dazu eingerichtet, Nutzlast mitzunehmen. Die Rakete mit ihrer Aluminiumhülle war 7,6 Meter lang und maß im Durchmesser 76 cm. Ganz oben unter der Spitze waren die Akkus untergebracht, darunter die Steuermaschine mit den kardanisch aufgehängten Drei-Lagen- und Drei-Dämpfungs-Kreiseln. Ferner die Boykowschen beschleunigungsempfindlichen, federgefesselten Wägelchen, die nach zweimaliger Integration der auftretenden Beschleunigungen die seitliche Versetzung der Rakete, die etwa der Wind verursachte, messen und die Rückführung des Körpers in die Flugbahn veranlassen sollte. In einem wasserdichten Behälter befanden sich ein Barograph und ein Thermograph und eine diese beiden Instrumente während des Fluges filmende Kleinkamera. Es waren auch Einrichtungen zum Messen der Außenhauttemperatur und des Brennkammerdruckes eingebaut. Zur Ausrüstung gehörte ferner ein Funkkommandoempfänger, der bei seitlichem Ausbrechen der Rakete auf Kommando vom Boden aus Notbrennschluß auslösen konnte.

Unter dem Geräteraum lag der Sauerstofftank und unter diesem der Brennstofftank mit der eingebauten, fast 2 Meter langen Raketenbrennkammer aus Hydronalium. Der im Sauerstofftank eingebaute Flüssigkeitsstickstoffbehälter war, um den notwendigen Förderdruck in den Tanks zu erzeugen, mit einem Heizdraht versehen. Der Behälter für den Fallschirm befand sich zwischen den beiden Tanks. Dieser sollte im Kulminationspunkt, d.h. bei einer Neigung der Rakete um 90 Grad gegenüber der Senkrechten automatisch ausgestoßen werden. Bei 30 Grad Schräglage würde der Antrieb automatisch abschalten.
Die 450 kg fassenden Leichtmetalltanks waren so starkwandig, daß sie einen Förderdruck von 20 Atmosphären aushalten konnten. Das Startgewicht betrug 750 Kilogramm. Während 45 Sekunden sollte das Triebwerk bei einer Ausströmgeschwindigkeit der Gase von ca. 1900 m/sec einen Schub von 1,5 Tonnen geben.

Um die unteren Enden der vier langen, schlanken, den Durchmesser der Rakete nur um 20 cm überschreitenden Luftflossen lag ein etwa 25 cm breiter Preßstoffring. Er sollte das Flattern der Flossen verhindern und die pfeilstabile Lage der Rakete während des Fluges verstärken. In ihm waren die kupfernen Drahtwicklungen der Empfangsantenne der Notbrennschlußanlage eingebaut.

Die vier Flossen standen fest auf den Preßstofflagerplatten des mit einem Drehkranz versehenen Abschußtisches. Dieser war mit in Reihen angeordneten Steckkontakten versehen, die für Stromzuführungs- und Meßzwecke vor dem Abschuß die Verbindung herstellten zwischen Meß- und Beobachtungsbunker und der Rakete und zwar durch die Flossen zu den Steuerungsteilen und Ventilen. Beim Abheben lösten sich diese Kontakte und von diesem Moment an würde die Rakete vollautomatisch ihren Weg suchen.

Der erste Abschuß erfolgte am 4. Dezember 1937 und das Ergebnis war ein völliges Versagen während des Fluges. Auch der zweite Abschuß verlief genauso. Die A-3 hob wie geplant vom Boden ab, führte jedoch kurz nach dem Start fast eine Vierteldrehung um die Längsachse aus, neigte sich gegen den Wind, und nach wenigen hundert Metern Steighöhe wurde der Fallschirm ausgestoßen. Die Raketenbrennkammer verlöschte und sie fiel an der östlichen Steilküste der Insel ins Meer. Insgesamt erfolgten vier Abschüsse einer A-3, und die Wissenschaftler kamen zu dem Ergebnis, daß bei dieser Rakete die Steuermaschine zu schwach war, um das Drehen der Rakete um die Längsachse auszugleichen. Auch die Ruderlaufgeschwindigkeit war zu gering.
Man entschloß sich, die A-3 aufzugeben und vor der Entwicklung der geplanten Großrakete A-4 ein neues Gerät, die A-5, einzuschieben.

Die A-5, eine kleinere Variante der geplanten Großrakete A-4, glich äußerlich der A-3, hatte jedoch ein vereinfachtes Steuersystem, vollkommen neue Kontrollsysteme und auch ein wesentlich anderes Herstellungsverfahren. Um das Problem des unkontrollierten Fluges zu lösen, entwickelten die Ingenieure eine völlig neue Steuertechnik, bei dem die Seitenruder im Abgasstrahl wirksam wurden. Während des Aufstiegs sorgten sie durch feine Korrekturmanöver für die senkrechte Lage der Rakete, später für den Übergang in die gekrümmte ballistische Flugbahn. Als Antrieb wurde das bewährte Triebwerk der A-3 übernommen. Der Durchmesser der Rakete wurde um 10 cm vergrößert, die Gesamtlänge jedoch beibehalten. Da die Kreiselgeräte GmbH die Änderungen an der Steuermaschine nicht kurzfristig vornehmen konnte, wurde eine stärkere Steuermaschine der ebenfalls in die Entwicklung eingeschalteten Firma Siemens eingebaut. Die A-5 erhielt außerdem einen Kommandoempfänger für Brennschluß und Fallschirmauslösung. Diese funkkontrollierten Fallschirme, die dem späteren Auffinden der Rakete dienten, waren ebenfalls eine deutsche Neuentwicklung.

Das Leitwerk der A-5, das keinen Antennenring mehr besaß, wurde nach den neuesten Berechnungen und Messungen im Windkanal entsprechend geändert und verkürzt. Bei A-3 und A-5 wurden entsprechend dem Luftdruck in Meereshöhe die Verbrennungsgase in der Düse bis auf eine Atmosphäre entspannt. Bei dem vorgesehenen Vordringen in größere Höhen würde jedoch der Überdruck im Gasstrahl, bei dem dort wesentlich geringeren Luftdruck, diesen glockenförmig nach außen erweitern. Dadurch hätte das alte unveränderte Leitwerk der A-3 anbrennen können. Da sich auch der Luftwiderstand des neuen Leitwerks erheblich verringerte, hoffte man, die Überschallgeschwindigkeit zu erreichen.

Da Peenemünde zu diesem Zeitpunkt noch nicht über einen eigenen Windkanal verfügte, wurden die Stabilitätseigenschaften des A-5 mit dem neuen Leitwerk im Unterschallkanal der »Luftschiffbau Zeppelin«, Friedrichshafen, unter Dr. Schirmer und im Überschallkanal in Aachen erprobt. Zu diesem Zeitpunkt war es auch noch nicht möglich, in den existierenden Windkanälen bei Schallgeschwindigkeit selbst Messungen vorzunehmen. Auch war im Überschallbereich noch kein pfeilstabilisierter Körper stabil geflogen, ohne zu zerbrechen. Um jedoch Ergebnisse zu erhalten, baute man mehrere massive eiserne Flugmodelle mit einem Gewicht von jeweils 250 kg, die mit verschiedenen Leitwerkmodellen ausgerüstet waren. Im September 1938 begann man, diese Modelle von einer He 111 aus 7000 Meter Höhe abzuwerfen. In ca. 1000 Meter Höhe erreichten sie eine maximale Geschwindigkeit von 360 m/sec, was bedeutete, daß sie die Schallgeschwindigkeit überschritten. Die zu beobachtenden Pendelungen betrugen in keinem Fall mehr als 5 Grad, womit das Ergebnis zufriedenstellend ausfiel.

Damit die Rakete bei einem Versagen unbeschädigt geborgen werden konnte, entwickelte die Luftfahrt-Forschungsanstalt »Graf Zeppelin« in Stuttgart einen Bänderfallschirm, der sich bei einer Geschwindigkeit der Rakete im Kulminationspunkt der Flugbahn bis zu 100 m/sec ohne zu zerreißen öffnete und die Geschwindigkeit auf etwa 20 m/sec abbremsen konnte. Die A-5 erhielt zwei Fallschirme, einen Bänderfallschirm zum Bremsen und einen großen Tragfallschirm, der die Rakete nach dem Abbremsen mit einer Sinkgeschwindigkeit von 5 m/sec sicher zu Boden brachte.
Auf einen Verbesserungsvorschlag hin und nach erfolgreich durchgeführten Versuchen wurden bei der A-5 anstelle der teuren Molybdänruder Grafitruder verwendet. Der Preis eines Ruderpaares sank dadurch von 150 Reichsmark auf 1,50 Reichsmark.

Durch ständige Änderungen an den Steuermaschinen wurde die Entwicklung der A-5 immer wieder verzögert. Um die Eigenstabilität zu erproben, entschloß man sich, im Sommer 1938 vier Raketen A-5 ohne Steuermaschine von der Greifswalder Oie aus zu starten. Die Raketen erreichten dabei fast Schallgeschwindigkeit und eine Steighöhe von 8 Kilometern, wobei man mit der Eigenstabilität zufrieden war.
Im März 1939 erfolgten weitere Tests verschiedener Leitwerkarten beim Schießen von eigens dafür entwickelten Modellgeräten. Das dazu eingesetzte Walter-Triebwerk ermöglichte es, trotz seiner geringen spezifischen Leistung, durch die Einfachheit der Konstruktion und der Handhabung Modellgeräte in großen Versuchsreihen mit geringsten Kosten im Freiflug zu erproben.

Ende Oktober 1939 begannen auf der Oie neue Abschußserien mit der A-5. Inzwischen hatte sich die Insel jedoch erheblich verändert. Für das notwendige Personal waren feste Unterkünfte errichtet worden. Mit Front nach Norden in Richtung auf die Abschußstelle erhob sich das neue, langgestreckte, massive Meßhaus mit Werkstatt, Oszillographenraum, Büros und flachem, durch Treppen an der Außenseite des Hauses erreichbarem Dach. Die Startplattform war wesentlich verbreitert worden, neue Betonbeobachtungsbunker und Betonstraßen ergänzten das Bild. Die alte, noch mit Zeltplanen bedeckte Arbeitsbühne war durch einen mit Blechplatten beschlagenen, völlig schließbaren, zum Start umkippbaren Arbeitsturm ersetzt worden. Die hellgelb und rot gestrichene Rakete wurde, um sie auf den Abschußtisch zu bringen, in das abnehmbare Dach des umgekippten Turmes geschoben und mit diesem zusammen durch eine Seilwinde senkrecht aufgestellt. Dann wurde sie durch einen Flaschenzug auf den genau unter dem Mittelpunkt des Turmes stehenden Abschußtisch hinabgelassen. Ein Netz von Licht-, Telefon-, Meß- und Kraftstromleitungen zog sich über alle wichtigen Punkte der Insel. Unterwasserkabel verbanden diese mit den Meßstellen auf Rügen und denen auf der Insel Usedom.

Die erste A-5 erhob sich vom Abschußtisch und stieg senkrecht, ohne sich zu drehen oder gegen den Wind zu neigen, in den Himmel. In fast 7 Kilometer Höhe und nach 45 Sekunden Brennzeit erfolgte durch das Leerlaufen der Tanks Brennschluß. Aufgrund ihrer Geschwindigkeit stieg die Rakete auch ohne Antrieb immer höher, bis sie den Gipfelpunkt erreicht hatte und langsam umkippte. In diesem Moment erfolgte das Funkkommando, welches den Bremsfallschirm zur Entfaltung brachte. Etwa zwei Sekunden später erfolgte das Funkkommando für den großen Tragfallschirm, und die nunmehr nach all den Änderungen fast 900 Kilogramm schwere Rakete landete unbeschädigt im Wasser, wo sie aufgrund des auffälligen Farbanstrichs in weniger als 30 Minuten geborgen werden konnte.

Beim Abschuß der zweiten A-5 erfolgte die Umlenkung der fliegenden Rakete mit Hilfe der eingebauten Steuereinrichtung in eine vorgeschriebene Richtung. Auch dieser Abschuß war erfolgreich. Nach vier Sekunden senkrechten Aufstiegs begann die Rakete sich langsam mit der Spitze nach Osten zu neigen. Mit zunehmender Geschwindigkeit überquerte sie die Oie und flog in hohem Bogen hinaus über das Meer. Etwa 6 Kilometer vom Startplatz entfernt, auf dem Gipfel der Flugbahn in 4 Kilometer Höhe, wurden die Fallschirme ausgestoßen. Wenig später konnte auch diese A-5 geborgen werden.
Damit war bewiesen, daß die Flüssigkeitsrakete die ihr gestellten Aufgaben erfüllen kann. Sieben Jahre nach Beginn der Forschungstätigkeit war es gelungen, eine Rakete zu bauen, mit der es möglich war, im praktischen Schießen die Vielfalt der für eine Großrakete notwendigen Inneneinrichtung zu erproben. Die A-5 erreichte bei späteren Schießversuchen eine Reichweite von 18 Kilometern und eine Steighöhe von 12 Kilometern.

Nach diesem Erfolg reiste Dornberger mit General Becker ins Hauptquartier von Generaloberst von Brauchitsch, um den Stand der Entwicklung zu schildern und die Kriegswichtigkeit des Vorhabens A-4 deutlich zu machen. In klarem Erkennen der taktischen Möglichkeiten dieser Entwicklung wurde Peenemünde in die höchste Dringlichkeitsstufe des Heeres eingruppiert, d. h. die Projekte in Peenemünde erhielten von nun an Priorität.

Von der Insel Oie aus starteten 1944 auch Raketen vom Typ A-4, und Wissenschaftler führten hier ihre Tests für die Flugabwehrrakete »Wasserfall« durch.

Das Prüfgelände

Wenn man mit dem Zug nach Peenemünde kam und den Bahnhof verlassen hatte, sah man auf der rechten Seite eine Gebäudegruppe, die wie eine kleine Stadt wirkte und als »Die Siedlung« bezeichnet wurde. Dort wohnten viele der Ingenieure und Spezialisten mit ihren Familien. Auf der linken Seite von Bahn und Straße waren die Unterkünfte für das Versuchskommando Nord, das VkN-Lager. Die Unterkünfte dieses Lagers befanden sich in ca. zwanzig einstöckigen Gebäuden, die in hufeisenförmiger Anordnung jeweils mit einer Giebelseite auf die Einbahnstraße ausgerichtet waren.

Das Versuchskommando Nord bestand aus mehreren Kompanien, hatte einen Offiziersstab und stand unter dem Kommando eines Obersten. Hier waren die für das Projekt notwendigen Fachkräfte aus regulären Wehrmachtseinheiten abgezogen worden, ohne sie jedoch vom Wehrdienst freizustellen.

Am Haupteingang zur Siedlung vorbei kam man in das Werk Süd mit dem großen Verwaltungsgebäude. Im Nordteil dieses Werkes überragte eine riesige Halle die davor gelegenen Industriebauten. Diese Halle war über 250 Meter lang, fast genauso breit und war die Fertigungshalle, kurz F-1 genannt, der Versuchsserienproduktion. Alle Gebäude waren von Bäumen umgeben, denn der Wald war nur so weit gerodet worden, wie unbedingt notwendig. Auch die Entfernungen zwischen den einzelnen Bereichen waren recht großzügig gewählt worden. So konnte man mit der Werkbahn das Werk Nord erreichen.

Im Werk Nord waren die Straßen von Büro- und Laborgebäuden umsäumt. Das große Meßhaus war gleichzeitig das Hauptgebäude der Abteilung Bord-, Steuer- und Meßgeräte (BSM). Direktor dieser Abteilung war Dr. Ernst Steinhoff. In diesem Werk befand sich auch die Baugruppe Schlempp, kurz BGS genannt, eine selbständige Abteilung, die für das ganze Werkbauprogramm verantwortlich war.
Weiterhin standen hier die Brennkammer-Beizanlage, der Windkanal für Überschallgeschwindigkeitstests und ihm gegenüber ein Produktionswerk für flüssigen Sauerstoff, weitere Labors und eine große Halle, wo sich die Montage- und Teilewerkstatt befanden.
Weiter nordwärts befand sich das Treibstofflager mit mehreren Holzbauten und endlos aneinandergereihten Trommeln mit Treibstoff.

Eine lange, schnurgerade Straße führte vom Werk Nord durch den Wald hindurch zum Prüfgelände, auf dem eine Vielzahl von Prüfständen für unterschiedliche Versuche errichtet waren. Für die Prüfstände gab es in diesem Bereich noch das »kleine Meßhaus«.

Prüfstand I, einfach als P-I bezeichnet, war mit seiner Plattform in 15 Meter Höhe relativ hoch. Der große Betonklotz, auf dem ein vielfach verzweigtes Stahlgerüst hochragte, diente den Brennversuchen für die A-4 und war weiterhin für alle Triebwerke bis 100 Tonnen Schub ausgelegt. Der Betonklotz war so konstruiert, daß die Tankwagen der Eisenbahn zum Betanken direkt in die Prüfanlage hineinfahren und an die Füllschläuche der Raketen angeschlossen werden konnten. In dem klobigen Unterbau befanden sich außerdem ein Meßraum, eine kleine Werkstatt, ein Büro sowie Zylinder zur Speicherung von komprimiertem Stickstoff, Auffangtanks und diverse Hilfsgeräte. Die Schurre, die der Strahlablenkung diente, bestand aus Molybdänstahlrohren, die von einer eigenen Hochdruckwasserkühlanlage gespeist wurden. Das Pumpenhaus dafür saß tief unter der Haltestruktur.

Im Prüfstand II wurden Brennversuche mit Salpetersäure und Visol als Treibstoffe durchgeführt. Für das Waagrechtbrennen von Brennkammern bis 1000 Kilogramm Schub sowie für Treibstoff- und Einspritzversuche war Prüfstand III eingerichtet worden.

In Prüfstand IV hatte man Triebwerkseinbauten in Flugzeugen erprobt. So waren unter Leitung von Dipl.-Ing. Dellmeier Starthilfen für schwere Bomber entwickelt worden, die rechts und links unter den Tragflächen hängend, einem Bomber das Mitnehmen größerer Lasten oder die Verkürzung der Startstrecke ermöglichen sollten. In den Jahren 1939/40 fanden mit einer He 111, die mit diesen Starthilfen ausgerüstet war, eine Vielzahl von Versuchsflügen in Peenemünde-West statt. Nur wegen der schwierigen Transport- und Nachschubverhältnisse für flüssigen Sauerstoff mußte von der Einführung dieser in ihrer Leistung durchaus befriedigenden Anlage abgesehen werden.

Auf dem Pumpen- und Dampfanlageprüfstand, P-V, fanden die Abnahmeversuche für die großen Förderpumpen und für die Wasserstoffsuperoxyddampfanlage statt.
Ein mit flüssigem Sauerstoff zu kühlender Kälteraum ermöglichte die Erprobung bei tiefsten Temperaturen.
P-VI war dem großen Kummersdorfer Prüfstand nachgebaut worden. Hier hatten die Standversuche der Versuchsrakete A-5 stattgefunden. Bis zur Fertigstellung des Prüfstandes IX wurde er anschließend für die Entwicklung des »Wasserfalls« genutzt.

Der größte Prüfstand im Prüfgelände war P-VII, bei dem es sich eigentlich schon um ein eigenes Testgebiet handelte. Die große Montagehalle von P-VII, aus Eisenbeton und Backsteinen errichtet, ragte mit ihrer Höhe von rund 35 Metern über die Spitzen der umstehenden Bäume hinaus. Schräg davor befand sich ein elliptisches Prüfgelände, genannt die Arena, die von einem etwa 12 Meter hohen Erdwall mit schrägen Böschungen umgeben war. Dieser schützte den Versuchsstand vor starkem Seewind und Flugsand. Innerhalb der Arena befand sich die fast 7 Meter breite Betonschurre, die von beiden Seiten bis zu einer Tiefe von 6 Metern schräg abfiel. An der Auftreffstelle des Feuerstrahles befand sich eine wassergekühlte Strahlablenkvorrichtung. Für einen Prüfvorgang wurde die Rakete, die in einem Brennturm kardanisch aufgehängt war, mit Hilfe eines Schlittens aus der Montagehalle durch einen Durchbruch in der Umwallung über die Schurre gefahren. Die Mündung der senkrecht und nach allen Seiten schwenkbar aufgehängten, fertigmontierten Rakete befand sich 8 Meter über der oberen Kante der Kühlrohre. Ein Aufzug brachte die Prüfstandshandwerker und Ingenieure zu den verschiedenen Arbeitsbühnen. Die Rakete war durch passende Rohrleitungen und Kabel mit den Steuerdruckbehältern, den Brennstoffspeichern und den Meß- und Kommandogeräten verbunden. Eine in Deutschland hergestellte Toledo-Waage, auf die eine Filmkamera gerichtet war, diente zur Messung des Schubes. Während des Brennvorgangs drückten drei riesige Pumpen, die in den Erdwall eingebettet waren, Tausende von Litern pro Minute durch die Kühlrohre der Schurre. Dadurch wurde diese von innen her gekühlt und gegen die Strahltemperaturen der Rakete, die bis über 2500 Grad Celsius hinausgehen konnten, geschützt. Nahe dem Brennstand und der Schurre befand sich eine Betonplattform, genannt Tisch, für Schußversuche.

Starttisch A-4

An der südlichen Schmalseite der Arena war das Kontrollzentrum, ein Beobachtungs- und Meßbunker, in den Erdwall eingelassen. Hinter der mit Panzerglas versehenen Tür des Kontrollbunkers befanden sich Büros, eine Werkstatt und der Kontrollraum mit Meßgeräten, Bedienungspulte für die Brennversuche und die Abschußkontrolle sowie eine Reihe von Periskopen, mit denen man die Rakete von hier aus gefahrlos beobachten konnte. Auf die ein Meter starke und mit Stahlträgern verstärkte Betondecke hatte man nachträglich eine drei Meter mächtige Erdschicht von außen als Pufferzone gegen Bombeneinschläge aufgetragen. Ein langer, unterirdischer Gang führte vom Meßraum unter der Umwallung hindurch zum Brennstand. An beiden Seiten dieses Ganges liefen, die ganze Höhe der Wand einnehmend, doppelte und dreifache Reihen von schweren, dicken Meßkabeln. Vom Brennstand aus führte eine Treppe hinunter zu einem großen, langgestreckten Raum neben der Schurre. Hier lag der Anschluß der fast 1,20 Meter dicken und 500 Liter in der Sekunde fördernden Kühlwasserrohre an das aus Molybdänstahl bestehende Kühlrohrsystem der Strahlableitungsschurre, die durch eine ein Meter dicke Betonwand von diesem Raum getrennt war.
Durch einen zweiten, leicht ansteigenden Gang gelangte man durch das große Pumpenhaus wieder ins Freie. Dort standen die großen Holztürme für die Rückkühlung des Wassers und die fast acht Meter hohen, in die Umwallung eingebauten Wasserbehälter. Außerhalb des Erdwalles gab es noch weitere Gebäude und unterstützende Prüfanlagen, wie z.B. die Kaltkalibrierstände zur Eichung von Brennkammern.

Auf dem kleinen Prüfstand VIII wurden die vom Werk oder von auswärtigen Firmen gelieferten 25-Tonnen-Brennkammern einem Brennversuch zur Leistungsermittlung unterzogen. Die Brennversuche wurden hier mit druckgeförderten Treibstoffen gefahren, nicht mit dem sonst für die A-4 verwendeten Turbo-Pumpensystem.
Dazu wurde der bläulich-rote Gasstrahl durch ein weites, doppelwandiges, eisernes Rohr gejagt. Viele kleine Bohrungen in der inneren Rohrwandung spritzten riesige Wassermengen in die leuchtende Stichflamme. Während dieses 60 Sekunden dauernden Versuches quollen ungeheure, dichte, weiße Wasserdampfwolken aus der um 90 Grad umgelenkten Austrittsöffnung des betonierten Ableitungskanals.

Der Prüfstand IX wurde für die mit Überschallgeschwindigkeit fliegende, ferngesteuerte Flugabwehrrakete »Wasserfall« genutzt.

Neben dem Erdwall von P-VII, nur durch eine kiefernbewachsene Düne getrennt, erstreckte sich eine große planierte, mit schwarzer Schlacke bedeckte Fläche des Prüfstandes X. Von hier aus erfolgten später Abschußversuche zur Erprobung der verschiedenen Bodenverhältnisse.

Nordwestlich von P-X lag die Nordspitze von Usedom und dahinter die Ostsee. An klaren Tagen konnte man von hier aus die Insel Oie und manchmal sogar die weißen Kreidefelsen der noch weiter entfernten Insel Rügen sehen.

Auf der Höhe vom Werk Süd, Richtung Peeneufer, gab es noch drei Serienprüfstände, von denen jedoch nur Prüfstand XI in Betrieb gewesen war.

Peenemünder Haken

Die Rakete A-4

Die Entwicklungskosten hatten bisher Unsummen verschlungen, und für die Weiterentwicklungen waren weitere Gelder notwendig. Für die Bewilligung war der Chef der Heeresleitung zuständig. Die bisherigen Raketen waren nicht dazu eingerichtet, Nutzlast mitzunehmen, sondern waren reine Versuchsgeräte. Die Bewilligung weiterer Gelder wurde jetzt nur für die Entwicklung von Raketen zugesagt, die in der Lage waren, große Nutzlasten mit hoher Treffsicherheit über weite Entfernungen zu bringen.

Wernher von Braun und Walter Riedel hatten sich bereits schon früher Gedanken über eine Großrakete gemacht. Walter Dornberger, der von der Artillerie kam, verglich die Forderung mit der bisherigen Waffentechnik. Die »Pariser Kanone« des Ersten Weltkrieges schoß auf eine Entfernung von rund 125 Kilometern eine Granate von 21 cm Kaliber mit einer Sprengstoffmenge von rund 10 Kilogramm. So setzte er sich als erstes Ziel für die Entwicklung der Großrakete, daß eine Tonne Sprengstoff auf die doppelte Entfernung der »Pariser Kanone«, also 250 Kilometer, gebracht werden sollte. Die äußeren Abmessungen beschränkte Dornberger dahingehend, daß die Rakete unzerlegt auf Straßen und Eisenbahnen transportiert werden konnte.
Erste Überlegungen ergaben, daß bei einer Tonne Nutzlast, bei einer 45-Grad-Erhöhung beim Eintritt in den fast luftleeren Raum und bei einer Geschwindigkeit der Rakete von 1500 m/sec eine Reichweite von 275 Kilometern möglich sein konnte. Nun war es die Aufgabe der Ingenieure, die ideale Flugform für eine Rakete mit diesen Maßvorgaben zu finden.

Das Konstruktionsbüro unter Walter Riedel begann mit der Projektierung der ersten Großrakete und schon wenige Wochen später war die A-4 in den Grundzügen festgelegt. Es ergaben sich jedoch eine Vielzahl neuer Probleme. Da diese Rakete alle bis dahin üblichen Geschwindigkeiten übertreffen sollte, mußte eine geeignete Form für diesen Flugkörper gefunden werden. Bis zu diesem Zeitpunkt gab es nicht einmal einen Windkanal, in dem solche Geschwindigkeiten gemessen werden konnten. Auch mußte von der Druckförderung zur Pumpenförderung übergegangen werden. Das Gewicht von Tanks, die solch einen hohen Förderdruck ausgehalten hätten, wäre viel zu hoch gewesen. Andererseits gab es noch keine Pumpe, die flüssigen Sauerstoff von minus 185 Grad verarbeiten konnte, und wie sollten diese dann angetrieben werden? Auch mußte ein größeres Triebwerk für die benötigten Schubkräfte entwickelt werden.

Als Nachfolger von Dr. Wahmke in der Forschungsabteilung des Heereswaffenamtes hatte Dr. Walter Thiel die Grundlagenforschung weitergeführt. Seit Herbst 1936 gehörte er der Versuchsstelle West an. In Zusammenarbeit mit Wernher von Braun und Walter Riedel war er hauptsächlich an den Entscheidungen über Formgebung der Raketenbrennkammer, Wahl der Treibstoffe und das beste Mischungsverhältnis beteiligt. Das Angebot, von der Grundlagenforschung zur Zweckforschung und Entwicklung überzugehen und dazu zur Versuchsstelle Ost zu wechseln, nahm er an. Er war für alle Antriebsfragen und dem Ziel, ein 25-Tonnen-Triebwerk zu entwickeln, zuständig.

Dr. Thiel entwickelte ein völlig neues Einspritzsystem, das er durch Hochschulen und Institute erforschen und untersuchen ließ. Er erprobte es an einer 1,5-Tonnen-Brennkammer, die er dadurch von fast zwei Metern auf ca. 30 cm verkürzen konnte. Daraufhin entwickelte er ein 4,5-Tonnen-Triebwerk, in das er drei Einspritzköpfe der 1,5-Tonnen-Brennkammer einsetzte. Auch diese Konstruktion bewährte sich.

Serienausführung
A-4-Triebwerk

Aufbau einer
A-4 (Schnitt)

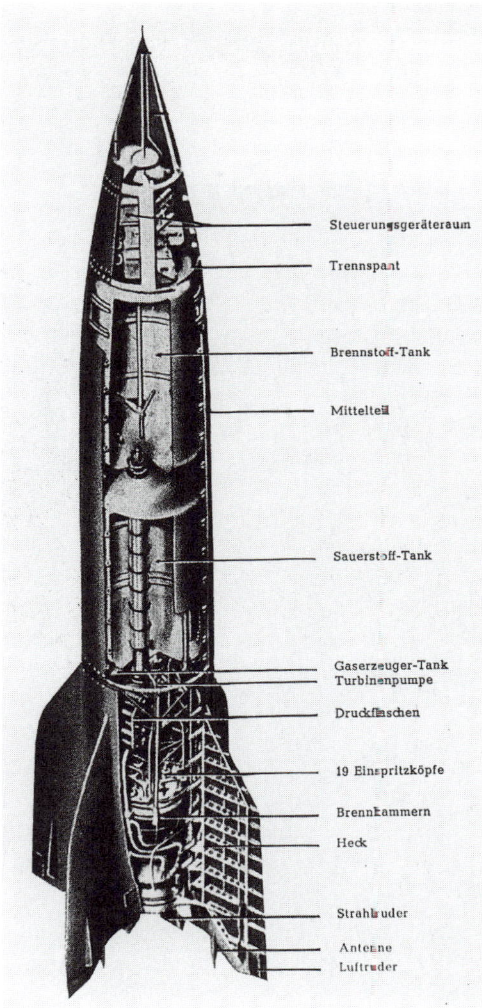

Für das 25-Tonnen-Triebwerk der A-4 regte von Braun an, 18 dieser Einheitseinspritzköpfe auf dem Deckel der Raketenbrennkammer anzubringen. Damit war das Einspritzsystem für den Antrieb der A-4 gefunden und die ersten 25-Tonnen-Triebwerke wurden im Frühjahr 1939 auf Prüfstand I getestet.

Nachdem alle Servo-Mechanismen und die Hochleistungs-Treibstoffpumpen durchkonstruiert waren, ging man an den Bau der ersten A-4. Nach mehrjähriger Entwicklungszeit entstand durch einen Mitarbeiterstab von mehr als 1 000 Wissenschaftlern und ca. 8 000 Facharbeitern die Rakete

Unverkleidetes
Heck einer A-4

A-4. Sie war 14,03 Meter hoch, 1,65 Meter breit, der Durchmesser an den Flossen betrug 3,55 Meter und als Startgewicht waren 13,5 Tonnen angegeben. Die schlanke, nach oben sehr scharfe Spitze ging in ogivaler Rundung in den zylindrischen Mittelteil über. Die vier Flossen des sich konisch nach unten verjüngenden Hecks teilten dieses in vier zur Erleichterung der Auswertung der Meßaufnahmen unterschiedlich lackierte Flächen. Der Antrieb erfolgte durch die Verbrennung eines Spiritus-Wasser-Gemisches (Äthylalkohol), wobei flüssiger Sauerstoff als Oxydator benutzt wurde. Dieser Antriebsbrennstoff wurde mit Hilfe zweier Kreiselpumpen in die Brennkammern befördert. Die Pumpen selber wurden mit Wasserstoffsuperoxyd und Kaliumpermanganat angetrieben. Bei einer Brenndauer von 65 Sekunden wurde ein Schub von 27 000 kp erreicht. Bei der Entwicklung der A-4 wurden auch 95 »Oberth-Lösungen«, bereits erfolgte Entwicklungen von Hermann Oberth, angewendet.

Die erste A-4 erwies sich als Versager. Nach wiederholten Endkontrollen erfolgte am 13. Juni 1942 ein Abschuß, der völlig mißlang. Kurz nach dem Start setzten die Treibstoffpumpen aus, die Rakete neigte sich zur Seite und zerschellte am Boden. Auch beim Start am 16. August versagten vermutlich wieder die Pumpen, die Bahnmeßdaten bewiesen aber, daß die Schallgeschwindigkeit überschritten wurde.

A-4 startbereit auf P VII

Seit zehn Jahren liefen nun die Forschungs- und Entwicklungsarbeiten mit dem Ziel, eine Großrakete, die eine Tonne Nutzlast über eine größere Entfernung bringen kann, erfolgreich zu starten. Inzwischen befand sich Deutschland im Krieg und Peenemünde kostete nicht nur Unsummen von Geld, sondern eine erhebliche Anzahl von Menschen war ebenfalls durch ihre Arbeit an das Werk gebunden. Seit Monaten waren keine Fortschritte mehr festzustellen. Nach den bisherigen Versagern mit der A-4 mußte der nächste Versuch klappen, um die ganze, an den Betrieb gebundene Rüstungskapazität verantworten zu können.

3. Oktober 1942 – Beginn der Raumfahrt

Ein erneuter Abschuß einer A-4 war auf den 3. Oktober 1942 festgesetzt worden.
Die Rakete stand frei auf dem Abschußtisch, nur noch durch zwei dicke Kabel mit den Meßgeräten im Kontrollbunker und den Stromquellen verbunden.
Alle Verantwortlichen wollten diesen Start miterleben, wollten wissen, ob die A-4 die vorgegebenen Voraussagen auch erfüllen kann. Neben Dornberger, der die Hauptverantwortung für das Gelingen trug, stand Oberst Dipl.-Ing. Zanssen, Kommandeur der Heeresversuchsanstalt Peenemünde. Vom Dach der Zusammenbauwerkstatt des Entwicklungswerkes beobachteten der für die Organisation des Schießens zuständige militärische Leiter des Entwicklungswerkes, Oberst Stegmaier, der für die technische Leitung Verantwortliche, Dr. von Braun, sowie Dr. Steinhoff, Chef der Abteilung BSM, die Startvorbereitungen. Auch das Personal des Überschallwindkanals mit den Doktoren Hermann und Kurzweg, die mit ihren zehnfach vergrößernden, binokularen Scherenfernrohren die Rakete während des Fluges beobachten mußten, hatte sich auf dem Dach versammelt.

Aus den Lautsprechern kam die Durchsage : » X-3 Zeit läuft«, was bedeutete: noch drei Minuten bis zum Start. Sie wurden aufgrund ihrer von Start zu Start vorkommenden Wiederholungen auch als »Peenemünder Minuten« bekannt.

Eine aufsteigende Rauchpatrone zeigte die letzten 10 Sekunden an, dann legte der Triebwerksingenieur den ersten von drei entscheidenden Hebeln um: Zündung! Danach folgte die »kleine Stufe«. Die Flamme der Acht-Tonnen-Schubstufe entwickelte sich, die Kraft dieser Vorstufe reichte jedoch noch nicht aus, die 13,5 Tonnen schwere Rakete vom Starttisch zu heben. Das Abwurfkabel löste sich von der Rakete und die Stromversorgung erfolgte nun über die eigenen Batterien, gleichzeitig wurde die Hauptstufe eingeschaltet. Mit 4000 Umdrehungen in der Minute und einer Leistung von 540 PS übernahm eine Turbopumpe ihre Arbeit und drückte mit 3 Atmosphären Überdruck 125 Liter Spiritus und Sauerstoff in der Sekunde in die Raketenbrennkammer. Der dritte und entscheidende Hebel war ebenfalls umgelegt worden und die Rakete löste sich um 15.58 Uhr vom Starttisch.

Nach etwa einer Sekunde erreichte der Schub 25 Tonnen. Ohne sich zu drehen, stieg die Rakete senkrecht in den Himmel und neigte sich nach 4,5 Sekunden mit der Spitze sachte nach Osten. Die Umlenkung hatte begonnen, um die für die Erlangung der größten Reichweite erforderliche Schräglage von ca. 45 Grad zu erreichen. Die Rakete wurde immer schneller und erreich-

Start A-4
3. 10. 42

te Überschallgeschwindigkeit. Damit wurde bewiesen, daß ein Raketenflugkörper auch im Überschallbereich Stabilität wahren konnte.
Der Meßton bewies, daß die Rakete in 10 Kilometer Höhe bereits die doppelte Schallgeschwindigkeit erreicht haben mußte und eine Minute nach dem Start die fünffache Schallgeschwindigkeit. Man sah zum erstenmal die später so vertraut gewordene Erscheinung: den »gefrorenen Blitz«. Hierbei handelt es sich um den zickzack verlaufenden Kondensstreifen der Rakete, die mit einer Geschwindigkeit von 1340 Metern in der Sekunde die in verschiedenen Höhen unterschiedlichen Luftströmungen durchstoßen hatte. Über 650 000 PS Leistung erreichte die Raketenbrennkammer am Ende der Brennzeit. Per Funkkontakt wurde der »Brennschluß« eingeleitet und die Rakete raste mit über 1500 Metern in der Sekunde weiter, vom Rand der Atmosphäre in den Weltraum, 85 Kilometer hoch, um wenig später mit gleicher Geschwindigkeit wieder in die Erdatmosphäre einzutauchen. Der 5,5 Tonnen schwere Flugkörper hat bei nur 4 Kilometer seitlicher Abweichung eine Strecke von 192 Kilometern überbrückt und dabei den Weltraum als Brücke zwischen zwei Punkten auf der Erde genutzt. Am 3. Oktober 1942 ist zum erstenmal in der Geschichte ein von Menschen geschaffener Flugkörper in den Weltraum eingedrungen, das Zeitalter der Raumfahrt hatte begonnen.
Prinzipiell verlaufen Raketenstarts in den Weltraum noch heute genauso, jedoch wesentlich verbessert, wie beim A-4-Start auf dem Prüfstand VII.

Serienproduktion

Am Abend des in die Geschichte eingegangenen 3. Oktober 1942 gab Walter Dornberger eine kleine Feier für seine engsten Mitarbeiter. Dabei stellte er fest, daß der Raketenantrieb für die Raumfahrt brauchbar sei, weitere diesbezügliche Entwicklungen von noch nicht absehbaren Möglichkeiten vorerst zurückgestellt werden müßten, da es aufgrund des Krieges nun die dringlichste Aufgabe sei, die Rakete als Waffe in beschleunigtem Maße fertigzustellen.

Damit die A- 4 nun in die Serienproduktion gehen konnte, war es notwendig, wieder in die höchste Dringlichkeitsstufe zu gelangen, denn Hitler hatte die Raketenentwicklung bereits im Frühjahr 1940 wieder aus der Dringlichkeitsliste streichen lassen. Im März 1939 waren Hitler zum erstenmal die Entwicklungen auf dem Gebiet der Flüssigkeitsraketen in Kummersdorf-West demonstriert worden. Hitler, der an allen Waffenentwicklungen sehr interessiert war, konnte die Rakete jedoch noch nicht als Waffe einordnen. Die Erfolge, die im Blitzkrieg gegen Polen mit konventionellen Waffen erreicht wurden sowie die Verbesserung der vorhandenen Waffensysteme veranlaßten ihn, die aufwendige Entwicklung einer Fernrakete nicht weiter zu fördern. Auch nach dem gelungenen Versuch am 3. Oktober 1942 erfolgte keine Erhöhung der Dringlichkeitsstufe. Hitler hatte nicht vor, die Rakete als Waffe zum Einsatz zu bringen.

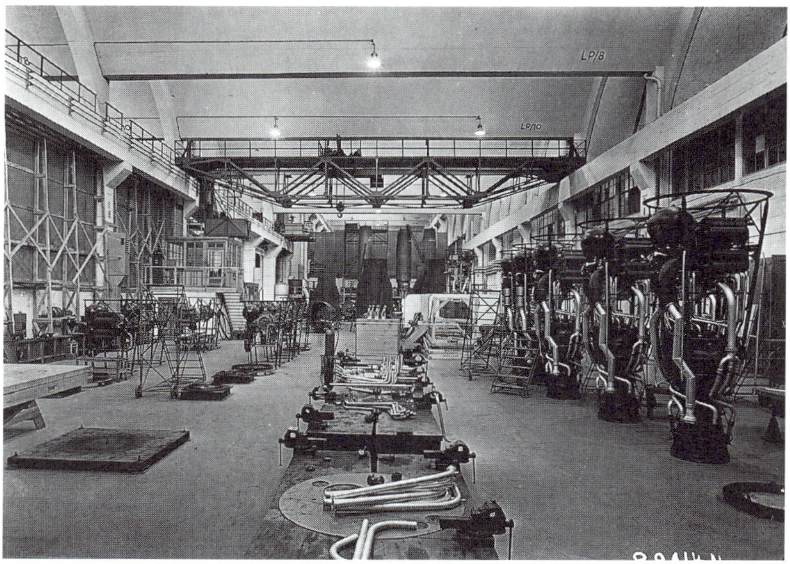

Montagehalle

Damit nicht weitere kostbare Zeit verlorenging, begann man noch vor Beginn der Schießerprobung mit den Fertigungsvorbereitungen. Die große Halle des Versuchsserienwerkes wurde als Montagewerk für die Serienherstellung eingerichtet und die Produktion der A-4-Raketen erfolgte hier erstmalig im Taktverfahren. Als zweites Montagewerk stellte Dr. Eckener vom Luftschiffbau »Zeppelin« sein Friedrichshafener Werk zur Verfügung. Man knüpfte Kontakte zur Industrie und auf Anregung von Wernher von Braun wurde eine Nachbauleitung unter Dipl.-Ing. Stahlknecht eingerichtet. Ohne die Dringlichkeitsstufe fehlte es jedoch an Geld, Kontingenten und zusätzlichen Fachkräften.

Im Januar 1943 suchten Walter Dornberger und Wernher von Braun erneut Reichsminister Albert Speer auf. Eine höhere Dringlichkeitsstufe konnte dieser wieder nicht in Aussicht stellen, jedoch empfahl Albert Speer für den industriellen Bereich Direktor Gerhard Degenkolb, Leiter des Sonderausschusses Lokomotiven. Dieser hatte bereits beim Bauprogramm für Kriegslokomotiven bewiesen, daß er nur durch seine Rücksichtslosigkeit und seinen Namen, auch ohne höchste Dringlichkeitsstufe, das unmöglich Scheinende schaffen konnte. Unter seiner Leitung wurde der Sonderausschuß A-4 eingerichtet, der die Produktionsabläufe und -kapazitäten der Teillieferanten koordinieren und steuern sollte. Damit waren auch die Interessen des technischen Amtes der NSDAP und der Industrie geweckt worden. In der Erprobungsphase wurde über die Heeresversuchsanstalt gelächelt, und die Forscher und Techniker wurden für weltfremde Utopisten gehalten, die man gnädigst geduldet hatte. Nachdem nun Erfolgsaussichten und der Beginn einer neuen Epoche in der Waffentechnik sichtbar wurden, wollte das technische Amt der NSDAP die HVA in eine GmbH umwandeln und der Industrie zuführen.

Von nun an bekam die Heeresversuchsanstalt-Ost des öfteren hohen Besuch. Dazu zählten Rüstungsminister Dr. Fritz Todt, der Chef vom Heereswaffenamt, General Wilhelm Leeb, General Friedrich Olbricht vom Oberkommando der Wehrmacht, Großadmiral Karl Dönitz und auch der Reichsführer SS, Heinrich Himmler, der die A-4-Produktion unter SS-Kontrolle stellen wollte.

Am 7. Juli 1943 flogen Oberst Walter Dornberger, Dr. Wernher von Braun und Dr. Steinhoff nach Rastenburg, um Adolf Hitler in seinem Hauptquartier »Wolfsschanze« von den Vorteilen der A-4 als Waffe zu informieren und um eine erneute Dringlichkeitseinstufung zu bitten.
Im Westen drohte die Invasion, die Alliierten hatten mit ihren Bombern den Luftkrieg schon lange ins Reichsgebiet getragen. Tag und Nacht erfolgten Flächenbombardements gegen die deutsche Zivilbevölkerung. Hitler erhoffte nun, durch diese Waffe eine Wende der Kriegslage herbeiführen

zu können. Er informierte sich über die Möglichkeiten einer Erhöhung der Nutzlast auf 10 Tonnen und einer monatlichen Produktion von 2 000 Stück. Dornberger erklärte ihm, daß es dazu einer völlig neuen und größeren Rakete bedürfe. Adolf Hitler setzte nun Peenemünde an die erste Stelle der Dringlichkeitsliste und gewährte zusätzlichen Schutz der Peenemünder Anlagen. Er beglückwünschte Wernher von Braun zur Ernennung zum Professor und ernannte Oberst Dr.-Ing. Walter Dornberger zum General.

Peenemünde erhielt nun mehr finanzielle Mittel, noch mehr Forscher und Ingenieure sowie mehr Ausrüstungsgegenstände. Die Produktion der A-4 sollte, beginnend im Oktober 1943, von 300 Stück pro Monat auf 900 Stück bis Dezember erhöht werden. Zusätzliche Firmen und Organisationen wurden in die Fertigungsarbeiten einbezogen, und bei den nächsten A-4-Modellen konnte die Geschwindigkeit auf 5470 km/h gesteigert und die Reichweite auf 350 bis 400 Kilometer erhöht werden.

Nach der Bombardierung Peenemündes in der Nacht zum 18. August 1943 wurde die Serienproduktion der A-4 in ein unterirdisches Stollensystem des Kohnstein bei Nordhausen verlegt. Am 1. September 1943 begann in diesem sogenannten »Mittelwerk« die A-4-Serienfertigung. Insgesamt sollten zunächst 12 000 V-2 gebaut werden.
Die Serienversion der A-4 wurde von der Propaganda als Vergeltungswaffe 2, V-2, für die Bombardierung der deutschen Städte bezeichnet.

Der erhöhte Ausstoß an A-4-Raketen diente jedoch vorerst nur der Ausbildung der Techniker und Bedienungsmannschaften, ohne die ein Fronteinsatz noch nicht möglich war. So wurde Ende August 1943 in Köslin/Pommern eine Fernraketen-Truppenschule mit der »Lehr- und Versuchsbatterie 444« aufgestellt.
Im November 1943 begann das erste feldmäßige Versuchs- und Übungsschießen auf dem SS-Truppenübungsplatz »Heidelager« bei Blizna, einem Sumpfgebiet im Mündungsdreieck von Weichsel und San in Polen. Der größte Teil der abgeschossenen Raketen explodierte jedoch in der Luft als »Luftzerleger«. Eine zeitraubende Fehlersuche im Versuchsstab Peenemünde begann, die sich bis zum Sommer 1944 hinzog.
Während die A-4-Raketen in Peenemünde mit Kränen aufgestellt wurden, mußte für die A-4-Truppenverwendung ein einfacheres Transport- und Aufrichtverfahren entwickelt werden. Dazu konstruierte man den »Meiller-Wagen«, auf dem die Raketen transportiert und hydraulisch aufgerichtet werden konnten, um sie dann auf dem Starttisch abzusetzen. Plattformen am Aufrichtarm dienten der Überprüfung und Erledigung von Arbeiten an der Rakete im Rahmen der Startvorbereitung. Nach deren Beendigung wurde der Arm zurückgeklappt und der Meiller-Wagen zurückgezogen.
Der kleinere Vidalwagen diente für längere Transporte der A-4 auf der Straße.

A-4, Vorbereitung
zum Start

A-4 auf Meillerwagen

Modell FI-103 (V-1) auf der Abschußrampe

Plakette als Zutrittsberechtigung zu den Arbeitsbereichen im Zentrum der Raketenversuchsanlage

Modell der Heeresversuchsanstalt und Erprobungsstelle der Luftwaffe

Prüfturm auf P VII

Treibstoff-Förder-
pumpen-Aggregat
der A-4

Heckring der A-4

Einspritzkopf der A-4

Die Ruine des ehemaligen Sauerstoffwerks hielt den Sprengungen stand

Das als »denkmalschutzwürdig« eingestufte Sauerstoffwerk von innen

Das Kraftwerk, bei seiner Inbetriebnahme am 5. 8. 1942 war es das modernste Kohlenstaubkraftwerk Europas und lieferte 30 Megawatt

Bahnstation Trassenheide

Bahnhof Peenemünde Dorf

Hotel Waldhof in Trassenheide

Das ehemalige Kurhaus in Zinnowitz

Pavillon der historischen Seebrücke im Seebad Ahlbeck

Mahn- und Gedenkstätte an die durch die Bombardierung der Royal Air Force getöteten Fremdarbeiter in Karlshagen

Die wieder in den Originalzustand von 1876 versetzte Kapelle auf dem Friedhof von Peenemünde; seit 18. 8. 1993 Gedenkstätte der Opfer des vergangenen Krieges

V-1 und V-2 – die Rakete wird zur Waffe

Die Entwicklung der Rakete verlief nicht konkurrenzlos. Auch entwickelte sich ein Kompetenzstreit um diese Waffe. Während das Heer die Rakete als Riesengeschoß mit mitgeführter Treibladung betrachtete, war die Luftwaffe der Meinung, daß es sich um ein Fluggerät handelt, das dem Reichsluftfahrtministerium (RLM) unterstellt werden müsse. So entwickelte die Luftwaffe ihr eigenes Projekt, die V-1.

Der Ursprung der V-1 begann mit der Konstruktion des nach seinem Erfinder, dem Münchner Dipl.-Ing. Paul Schmidt, benannten »Schmidt-Rohr«. Die in ein Rohr einströmende Luft wird mit Kraftstofftröpfchen angereichert und durch eine Zündkerze zur Explosion gebracht. Durch die Art und Weise, wie Ventil- und Einlaßklappen angeordnet sind, wiederholt sich der Explosionsvorgang 3 000- bis 15 000mal in der Sekunde, wodurch das Gerät vorwärts getrieben wird. In Zusammenarbeit mit Paul Schmidt wurde das Schubrohr durch die Argus-Motorenwerke weiterentwickelt, so daß es einen Schub von 317 kp entwickelte.

Der Chefkonstrukteur der »Gerhard-Fieseler-Flugzeugbau«, Robert Lesser, entwickelte eine kleine Zelle mit Stummelflügeln, die mit diesem »Argus-Rohr« angetrieben wurde. Unter der Leitung von Fliegerstabs-Ingenieur Bree hatte die Luftwaffe diesen strahlangetriebenen, von einer schrägen, betonierten Startbahn in Schußrichtung zu katapultierenden Lufttorpedo weiterentwickelt. Die Bezeichnung für dieses Fluggerät lautete anfangs Fi-103 oder auch »Kirschkern«. Aufgrund der einfachen und preiswerten Herstellung erfolgte im Juni 1941 der Befehl zur Weiterentwicklung und Produktion in großen Stückzahlen.
Die ersten Flugversuche in der Luftwaffenversuchsstelle Peenemünde-West waren erfolgreich. Der 8,03 Meter lange Flugkörper mit einer Spannweite von 5,70 Metern konnte in einer Höhe zwischen 300 und 2000 Metern mit einer Geschwindigkeit von über 650 km/h fliegen. Die Reichweite konnte später von 300 auf 400 Kilometer gesteigert werden.

Am 26. Mai 1943 fand in Peenemünde eine Vergleichsvorführung der Entwicklungen Fi-103 und A-4 statt. Die Vorzüge beider Konstruktionen waren es wert, gegeneinander abgewogen zu werden.
Das Muster Fi-103 war mit Herstellungskosten, die sich zwischen 1 500 und 10 000 Reichsmark bewegten, wesentlich billiger als eine A-4, die 75 000 bis 100 000 Reichsmark kostete und bei der Serienproduktion ab 5 000 Raketen immer noch auf 50 000 RM pro Stück kommen sollte. Durch einfachste Handhabung, geringen Treibstoffverbrauch und leichten Nachschub auf üblichen Fahrzeugen waren die Voraussetzungen für einen Masseneinsatz der Fi-103 erfüllt. Die Nachteile waren jedoch auch zu berück-

sichtigen. So bedurfte es ortsfester Startplätze, und durch die feste Betonrampe war die Schußrichtung festgelegt, was die Abwehr erleichterte. Durch die charakteristischen Geräusche des Triebwerks war die Möglichkeit einer Vorwarnung vor dem fliegenden Torpedo gegeben.

Die Rakete flog dagegen überschallschnell und konnte daher nicht wie die Fi-103 von der Flak abgeschossen werden. Ihr Gefechtskopf lag in derselben Größenordnung wie jener der Fi-103, jedoch nahm man an, daß die Zerstörungswirkung wegen der erheblich höheren Aufschlaggeschwindigkeit – Mach 4 – wesentlich größer sein würde. Die A-4 hatte von wechselnden Abschußstellen, möglich durch motorisierte Einheiten, freien Schußbereich nach allen Seiten. Die Feuerstellungen waren aus der Luft nur schwer oder überhaupt nicht zu erkennen. Der Einschlag erfolgte aufgrund der Überschallgeschwindigkeit völlig überraschend. Die Nachteile waren aufgrund der komplizierten Technik die Bereitstellung empfindlicher Prüf- und Nachschubeinrichtungen sowie bombensichere Flüssigkeitssauerstoffanlagen.

Beim Vergleichsschießen am 26. Mai 1943 mißlangen beide Starts der V-1. Die V-2-Crew hatte Glück: Beide Schüsse waren mustergültig mit einer Reichweite von 250 Kilometern.

Die Kommission stellte dennoch fest, daß der Entwicklungsstand beider Flugobjekte ungefähr der gleiche sei. Da man sich nicht entschließen konnte, welches der beiden Systeme die größeren Vorzüge hatte, beschloß man, beide Geräte mit höchster Dringlichkeit und möglichst großer Stückzahl in die Massenproduktion gehen zu lassen.

Ab 16. Juni 1944 begannen mit der V-1 von Nordfrankreich und Belgien aus die deutschen Angriffe gegen London, Antwerpen und andere Städte. Obwohl viele V-1 abgeschossen wurden, bevor sie ihr Ziel erreicht hatten, war ihre Wirkung doch so beeindruckend, daß Churchill sogar Gasangriffe auf die deutsche Zivilbevölkerung erwog.

Seit 4. September 1944 rollten dann die Raketen zur Front, und am 8. September 1944 erfolgte der militärische Ersteinsatz einer V-2 von Holland aus.

Es ist festzustellen, daß weder die V-1 noch die V-2 von Peenemünde aus auf ausländische Ziele abgeschossen wurden.

Die V-2 war die erste ballistische Fernrakete der Welt überhaupt und gilt als Vorläufer heutiger Fernwaffen und Trägerraketen der militärischen und zivilen Raumfahrt.

Operation »Hydra«

Trotz der vielen Schießversuche konnte die Geheimhaltung der Raketenentwicklungsstätte Peenemünde gewahrt werden. Hinweise, die beim britischen Geheimdienst eingingen, wurden deshalb auch nicht ernst genommen. Dazu gehörte auch der »Oslo-Bericht« aus dem Jahre 1939, der auf eine mögliche Raketenproduktion aufmerksam machte.
Als sich diese Berichte verdichteten, erfolgte eine umfangreiche Luftaufklärung durch die Engländer. Die Zufallsaufnahmen eines »Spitfire«-Aufklärers vom Mai 1943 mit »zigarrenförmigen Apparaten in senkrechter Stellung« auf betonierter Plattform fanden jetzt ihre Erklärung. Im Juni 1943 entschied der britische Premierminister, Winston Churchill, die Anlagen von Peenemünde anzugreifen und leitete damit die Vorbereitungen für die Operation »Hydra« ein. Der Führungsstab der Royal Air Force entschied in der »Bomber-Command-Operations-Order No. 176« einen »tödlichen Schlag bei Mondschein« durchzuführen. Das bedeutete vordergründig die Ausschaltung von Menschenleben. Der Vernichtung der technischen Anlagen maß man eine zweitrangige Bedeutung bei.

Am Abend des 17. August 1943 wurde um 23.25 Uhr in Peenemünde Voralarm gegeben. Das bedeutete für Peenemünde nichts Neues, denn britische Flugzeuge sammelten sich nachts meist über der mittleren Ostsee, um dann mit ihrer Bombenlast nach Berlin zu fliegen. Zehn derartige Überflüge durch die alliierten Bomberverbände gab es allein im Monat August 1943. Die Verdunkelung in Peenemünde funktionierte einwandfrei, und die Flak hatte Befehl, nur auf einen erkannten Angriff hin zu schießen, denn man wollte nicht auf sich aufmerksam machen und einen Angriff provozieren. Auch in der Nacht vom 17. zum 18. August 1943 glaubte man an einen Weiterflug auf die Reichshauptstadt.

In dieser Nacht war jedoch Peenemünde das Ziel. Nach Erhalt des Codewortes »Hydra« starteten 596 viermotorige Bomber der Typen Avro »Lancaster«, Short »Stirling« und Handley Page »Halifax« aus verschiedenen Standorten in Großbritannien. Um 01.09 Uhr warfen Pfadfinderbomber rote Markierungen über Peenemünde ab, eine Minute später fielen aus 16 Blindmarkierungsmaschinen weiße Leuchtfallschirmbomben, danach folgten Gelblichtbomben, die grüne Markierungen zeigten. Die schweren Flakbatterien am Kölpinsee und am Rande des Flugfeldes, die Flaknester am anderen Peeneufer und bei Karlshagen, die 2-cm-Flak von den Dächern der höchsten Gebäude, sowie die 3,7 vom Hafen und Vorwerk Gaaz eröffneten das Abwehrfeuer, die Tragödie nahm ihren Lauf.
In drei Wellen griffen die britischen Bomber, von Rügen her kommend, die Heeresversuchsanstalt an. Die erste Welle bestand aus 227 Bombern; Ziel waren die Wohnhäuser der Wissenschaftler. Die zweite Welle, die vier Minu-

ten später Peenemünde erreichte, hatte die Werkhallen zum Ziel. Die dritte Welle sollte von der gesamten 5. Bomber Group geflogen werden. Der Abwurf der Spreng- und Brandbomben erfolgte nach Stoppuhr. Durch die sofort eingeleitete Vernebelungsaktion und die Lage des Ziels an einem schmalen Küstenstreifen hatten die Zielmarkierer ihre Leuchtbomben zu weit südlich, in das Lager Trassenmoor, aber auch zu weit nördlich, in der Nähe des Entwicklungswerkes abgeworfen. Lediglich die mittlere Markierung fiel genau in die Wohnsiedlung. Die Folge davon war, daß die erste Welle ihre Bomben nicht wie vorgesehen auf die Siedlung warf, sondern das ca. 2 bis 3 Kilometer südlich gelegene Barackenlager Trassenmoor vernichtete. Allein hier fanden 213 Menschen den Tod.
Die zweite Welle mit 113 »Lancaster«-Bombern griff das Versuchsserienwerk an.

In der Annahme eines bevorstehenden Luftangriffes der Briten auf Berlin befanden sich 200 deutsche Jäger in der Luft, um dem Gegner den Weg abzuschneiden. Erst ein Feuerschein in nördlicher Richtung am Horizont erklärte das Fehlen der britischen Bomber und setzte dem sinnlosen Herumkurven der deutschen Jäger im Luftraum Berlin ein Ende. Ohne einen Befehl abzuwarten, stürzten sie sich den britischen Bombern entgegen. Die ersten fünf deutschen Jäger trafen dort um 01.35 Uhr ein, stießen auf die zweite Welle und holten einige »Lancaster«-Bomber vom Himmel. Die dritte Welle, bestehend aus 54 Halifax- und 126 »Lancaster«-Bombern, bekam die ganze Wucht der aus Berlin herbeieilenden deutschen Jagdflugzeuge zu spüren, die jedoch bei der Kurverei über Berlin ihre Treibstoffvorräte schon stark beansprucht hatten. Später bestätigte die R A F 41 Bomberverluste durch Feindeinwirkung. In dieser Nacht wurden insgesamt 1 593 Tonnen Sprengstoff und 281 Tonnen Brandbomben auf das Gelände der Heeresversuchsanstalt abgeworfen.

Trotz der vielen ab Sommer 1942 durchgeführten Luftaufklärungsmaßnahmen fühlte man sich in Peenemünde ziemlich sicher. Das führte auch zur Vernachlässigung der Luftschutzmaßnahmen und der Verlegung der schweren Flak von Peenemünde an andere, gefährdetere Gebiete. So wurde die sehr wirksame Flak vom Kaliber 8,8 cm bis 10,5 cm gut 14 Tage vor der Aktion »Hydra« abgezogen. Für die Siedlungsbewohner gab es nur herkömmliche Splittergräben in sandigen Böden, und nur ein Luftschutzbunker stand in der Nähe von Haus 4 zur Verfügung. Die Zahl der Opfer des Bombardements war somit auch recht hoch und wurde mit 733 Toten aufgelistet. Die Siedlung wurde bevorzugt bombardiert, da man die Spezialisten – Techniker und Wissenschaftler – ausschalten wollte. Dazu kamen etwa 3 000 »Fliegergeschädigte«, wie die Ausgebombten bezeichnet wurden. Zu den Toten gehörten auch der Triebwerkspezialist Dr. Walter Thiel mit seiner ganzen Familie und der Oberingenieur Erich Walther.

Meßhaus nach Operation Hydra

Die Briten glaubten, Peenemünde im wesentlichen ausgeschaltet zu haben. Die Fotos ihrer Aufklärungsflugzeuge, die am 18. August 1943 und an den folgenden Tagen und Wochen das bombardierte Gebiet überflogen, bestätigten den Eindruck der erfolgten Zerstörung Peenemündes und Karlshagens. Allerdings ahnte dort niemand, daß aufgrund der Zielversetzung wesentliche Teile der Anlagen, Prüfstände und Werkstätten nicht oder nur leicht beschädigt wurden. So waren Windkanal und Meßhaus überhaupt nicht getroffen worden. Die Prüfanlagen waren ebenfalls gänzlich unversehrt geblieben, ebenso das Werk West der Luftwaffe. Durch Instandsetzung nur der notwendigsten technischen Anlagen und durch sofortige Tarnmaßnahmen, die den Eindruck eines völlig zerstörten Werkes für die nächsten Monate erweckten, gelang es, weitere feindliche Luftangriffe vorerst zu vermeiden. Dies war notwendig, da der britische Luftmarschall Harris, als »Bomber-Harris« in die Geschichte eingegangen, befohlen hatte, Peenemünde so lange zu bombardieren, bis es völlig ausgeschaltet war.
Von allen Plänen und Konstruktionszeichnungen waren bereits vorher Zweitschriften ausgelagert worden. Die Spezialisten wurden jetzt in den umliegenden Badeorten untergebracht, um sie vor erneuter Gefährdung zu schützen.

Generaloberst Fromm, als Befehlshaber des Ersatzheeres für Peenemünde verantwortlich, meldete bereits am 21. August 1943: »Wiederaufnahme der Entwicklung und Fertigung in etwa vier Wochen!«

Die Bombardierung hatte aber zur Folge, daß für die Fortsetzung der Produktion der A-4 eine Verlegung an einen bombensicheren Ort erfolgen sollte. Dazu wurde bei Nordhausen im Harz die größte und erste unterirdische Fabrik der Welt, das »Mittelwerk«, mit allein 27 Tunneln für die Raketenfertigung errichtet.

Hitler hatte im August 1944 angeordnet, »daß alle Maßnahmen ergriffen werden, um gemeinsam mit dem Reichsführer SS unter starker Einschaltung seiner Kräfte aus den Konzentrationslagern den Bau der entsprechenden Fertigungsanlagen und die Fertigung von A-4 erneut voranzutreiben«. Nur sieben Tage später kam der erste Transport von Häftlingen aus dem Konzentrationslager Buchenwald an. Vier Monate danach lief die erste fertige Rakete vom Band. Erst hier wurden zum erstenmal Häftlinge bei der Fertigung einer Rakete eingesetzt.

Die Forschung und Entwicklung ging jedoch in Peenemünde nach einer kurzen Instandsetzungsphase weiter. Zum Schutz vor erneuten Fliegerangriffen wurde im Greifswalder Bodden der Flakkreuzer »Undine« von September 1943 bis November 1944 stationiert. Erst ein zweiter massiver Luftangriff im Juli 1944 hatte zur Folge, daß auch die Erprobung aus Peenemünde verlagert wurde. Der wertvolle Windkanal wurde im Juli 1944 nach Kochel in Oberbayern gebracht und nach dem Krieg in den USA aufgebaut, wo er noch heute in Betrieb ist.

Weitere Peenemünder Projekte

Nachdem die A-4-Rakete als V-2 im Einsatz war, versuchte man durch verbesserte Technik und neue Forschungen eine Geschwindigkeits- und Reichweitensteigerung zu erzielen. Technische Verbesserungen wie Vergrößerung der Tanks und Gewichtseinsparungen gingen auf Kosten der Nutzlast. Da die Rakete jedoch mit 800 m/sec auf dem Boden aufschlug, wurden Berechnungen durchgeführt, wie man diese ungenutzte Energie zur Steigerung der Reichweite nutzen konnte.

Dazu mußte die Rakete mit Tragflächen versehen werden, und die Berechnungen ergaben, daß mit dieser Konstruktion die doppelte Reichweite einer A-4 erreicht werden konnte. Aus der Rakete wurde aber somit ein vollautomatisch gesteuertes Überschallflugzeug, dessen Flugweg auch durch den fast luftleeren Raum führte.

An der Entwicklung geeigneter Flügel für solch ein Projekt wurde im Windkanal schon seit 1940 gearbeitet, als die »A-9« als geflügelte »Gleiter«-Weiterentwicklung des A-4 konzipiert wird. Eine Vielzahl von Berechnungen sollten die für die größte Reichweite günstigste Flugbahn ermitteln. So entstand aus der A-4 die A-9, welche in einer Höhe von etwa 20 Kilometern eine maximale Fluggeschwindigkeit von 1250 m/sec erreichen sollte, um dann in einen flach gekrümmten Gleitflug mit einer Gipfelhöhe von 29 Kilometern überzugehen. Es war vorgesehen, das Ziel in einer Höhe von ca. 5 Kilometern zu erreichen, wo die A-9 dann zum senkrechten Absturz gebracht werden sollte. Mehrere A-9-Varianten entstanden, u.a. eine Spitzflügel-A-9 als Oberstufe des späteren A-9-/A-10-Projektes. Es hätte auch keiner großen Mühen mehr bedurft, diese A-9 als bemannte Version über eine Entfernung von 600 Kilometern in 17 Minuten fliegen zu lassen und dann sicher zu landen.
Nach der Besprechung am 7. Juli 1943 wurde das A-9-Projekt als »A-4b« mit in die A-4-Dringlichkeitsstufe einbezogen. Erst im Herbst 1944 kam es im Rahmen des »Reichweitenprogramms« zur Realisierung. Ein geflügelter Rumpf wurde mit einem A-4-Standardheckteil kombiniert. Unter der

A-4b-Rakete
1945

Bezeichnung A-4b »Bastard« gelang nach zwei Fehlstarts am 24. Januar 1945 ein erfolgreicher Start vom Vorfeld des Prüfstandes X. Dieser »aeroballistische Beweis« fand 35 Jahre später im »Space Shuttle« Verwendung.

Die Reichweite war jedoch noch nicht groß genug. Man wollte mit Entfernungen beginnen, die oberhalb der größten Reichweite der Flugzeuge lagen. Dazu mußte man von der Einstufenrakete zur Mehrstufenrakete übergehen.

Man entwickelte die A-10, eine als Starthilfe konstruierte erste Stufe, auf der die A-9 aufgesetzt war. Der Antrieb der A-9 sollte erst dann erfolgen, wenn durch die A-10 bereits eine hohe Anfangsgeschwindigkeit erreicht worden war. Während einer Brennzeit von 50 bis 60 Sekunden entwickelte die A-10 einen Schub von 200 Tonnen und gab der Rakete eine Geschwindigkeit von 1200 m/sec. Die A-9 startete nach Brennschluß der ersten Stufe in etwa 180 Kilometer Höhe und erreichte eine zusätzliche Geschwindigkeit von ca. 1600 m/sec. Nach Brennschluß der A-9 hatte diese eine maximale Geschwindigkeit von rund 2800 m/sec erreicht, womit eine Entfernung von 4100 Kilometern in gut 35 Minuten zurückgelegt werden konnte. So entstand das kombinierte A-9-/A-10-Projekt, eine Zweistufenrakete, die doppelt so hoch wie die A-4 war. Diese Fernrakete sollte von »Prüfstand XII« auf die USA zum Einsatz kommen.

Es gab noch weitere, aus der A-4 abgeleitete Entwürfe, die jedoch nicht mehr zum Einsatz kamen. Einer davon war die streng geheime Luftabwehr-Rakete C 2 »Wasserfall«, eine verkleinerte Version der A-4, mit vier Trapezflügeln in der Rumpfmitte. Diese Überschall-Flugabwehr-Rakete war eine Weiterentwicklung einer A-7-Rakete. Mit dem neuartigen Brennstoff Visol und Salbei erreichte sie einen Schub von 7780 kp. Die Steuerung erfolgte über einen Leitstrahl vom Boden aus. Erste erfolgreiche Versuche wurden bereits im Februar 1942 durchgeführt. Ihre Länge betrug 7,80 Meter bei einem Startgewicht von ca. 3 800 Kilogramm. Sie hatte eine Reichweite von 27 Kilometern. Die Einsatzversion hätte über einen Infrarotsuchkopf verfügt.

Der Vollständigkeit halber sollten auch die folgenden Flugabwehr-Raketen erwähnt werden: Bei der Rheinmetall-Borsig AG wurde die zweistufige Luftabwehr-Rakete »Rheintochter« entwickelt. Die sechs Meter lange Version »Rheintochter 1« kam noch zum Erprobungseinsatz.
Die verbesserte Version »Rheintochter R 3« hatte eine neuartige Kombination von Flüssigkeits- und Feststofftriebwerk. Aus ihr entstand die Pulver-Stufen-Rakete »Rheinbote«, die jedoch nur eine Sprengladung von 20 Kilogramm befördern konnte.

Die Luftabwehr-Rakete »Taifun« sollte in Salven als Sperriegel gegen anfliegende Bomberverbände geschossen werden, kam jedoch nicht mehr zum Einsatz.
Eine weitere Flugabwehr-Rakete war die Henschel Hs 117 »Schmetterling«. Sie startete mit dem BMW-Raketentriebwerk 109-558 und zusätzlichen Starthilfsraketen.
Bereits im Juni 1942 wurden Schießversuche mit Pulverraketen von einem getauchten U-Boot (U 511) nahe der Greifswalder Oie aus erfolgreich durchgeführt. Dazu montierte man das Abschußgestell auf dem Deck des Bootes. Um eine A-4-Rakete von einem U-Boot aus zu starten, war ein Schleppbehälter für die Rakete notwendig. An der vorgesehenen Abschußstelle konnte dieser Schwimmer teilgeflutet werden, so daß er senkrecht im Wasser stand und den Abschuß ermöglicht hätte. Die »Vulkan«-Werft in Stettin hatte im Dezember 1944 einen Konstruktionsentwurf für ein U-Schleppbehälter-Projekt vorgelegt. Die Räumung Peenemündes, im Februar 1945, beendete dieses Vorhaben.

Ab 1944 wurden neben den Eigenentwicklungen auch Erprobungen »fremder Typen« in Peenemünde durchgeführt. Dazu gehörte auch die von der Firma Messerschmitt im Zweigwerk Oberammergau entwickelte ferngesteuerte Flugabwehr-Rakete »Enzian« mit Funksteuerung und Zielsucheinrichtung. Sie glich im Aufbau einer Me 163 mit Walter-Triebwerk HWK 109 – 509 und hatte vier Schmidding-Raketen am Rumpf. Abgefeuert wurde sie von einer umgebauten 8,8-Flak-Behelfslafette. Die Spannweite betrug 4 Meter, Länge 3,75 Meter und das Startgewicht 1 975 Kilogramm.

Die deutschen Raketenwaffen V-1 und V-2 sowie die weiteren deutschen Entwicklungen waren die Grundlage für die später entwickelten amerikanischen und sowjetischen land-, luft- und seegestützten Marschflugkörper (Cruise Missiles/ Tomahawk), der amerikanischen Pershing- und sowjetischen SS-20-Serien ballistischer Mittelstreckenflugkörper, wobei jedoch das »Geheimnis« in ihrer Software liegt.

Peenemünde wird geräumt

Am 25. August 1944 erfolgte der vierte und letzte Luftangriff auf Peenemünde. Die Reparaturen der vorausgegangenen Angriffe wurden wieder zunichte gemacht und frühere Schäden noch verschlimmert.
Das Material für Reparaturen war knapp und so wurden nur noch die notwendigsten Instandsetzungsarbeiten ausgeführt.
Inzwischen änderte sich die Kriegslage zusehends. Sowjetische Truppen schlossen Deutschland vom Osten und Norden her ein. Flüchtlinge aus den Ostprovinzen zogen durch Usedom weiter nach Mecklenburg. So überraschte

es niemanden, als am 31. Januar 1945 der Befehl zur Evakuierung Peenemündes eintraf. Ein ganzes Werk, Maschinen und Berge von Akten,Tausende von Angestellten und ihre Familien mußten umgesiedelt werden. Es mußte entschieden werden, wer geht und in welcher Reihenfolge. Erschwert wurde der Umzug durch den Mangel an Transportmitteln. Der größte Teil wurde auf Lastkraftwagen verladen, ein Zug stand auch zur Verfügung sowie einige Schiffe und Lastkähne.

Der Umzug begann am 17. Februar 1945 in den Harz und in die unterirdischen Fabriken nahe Nordhausen und Bleicherode. Walter Dornberger bezog sein neues Hauptquartier im nahegelegenen Bad Sachsa. Der Windkanal wurde in der neugegründeten »Wasserbau-Versuchsanstalt Kochelsee« erneut aufgebaut. Das Personal von Prüfstand VII unter Dr. Debus verlagerte mit allen Fahrzeugen, die für den Abschuß von Raketen nötig waren, in die Gegend von Cuxhaven. Professor Wernher von Braun verließ Peenemünde Anfang März 1945, und im April 1945 war auch der letzte Mitarbeiter von Peenemünde abgezogen worden.
Am 4. Mai 1945 besetzte die Rote Armee Peenemünde.

Am 14. Februar 1945 erfolgte der letzte Abschuß einer A-4 in Peenemünde. Insgesamt fanden hier 282 Erprobungsabschüsse mit der A-4 / V-2 statt. Von diesen Abschüssen erfolgten 175 vom Prüfstand P-VII, 46 vom Prüfstand P-X, 24 senkrecht von der Insel Oie aus und 37 von anderen Abschußbasen wie z.B. von Werkstraßen und aus der zerstörten Siedlung. 117 kamen aus der Produktion des Mittelwerkes, die restlichen waren A-4-Raketen, die aus der Peenemünder Versuchsproduktion stammten. In der Anzahl der Peenemünder Schüsse sind zwei Modelle A-4b enthalten.

Unabhängig von den Peenemünder Versuchen erfolgte eine große Anzahl von Probeschüssen durch militärische Einheiten, die teils dem Studium der Luftzerleger dienten, teils der Ausbildung der Truppe.

Die A-4 bildete später als alliiertes Beutegut die Basis aller raketentechnischen Entwicklungen nach dem Zweiten Weltkrieg, insbesondere in den USA und der Sowjetunion.
So wurden mit V-2-Raketen die ersten Höhenforschungen unter Anleitung deutscher Ingenieure durchgeführt. Weiterentwickelte A-4-Antriebsgeräte waren die Trägerraketen, mit denen die ersten Erdsatelliten auf eine Umlaufbahn gebracht wurden.

In einer Analyse der erbeuteten deutschen Aerodynamikdokumente stellten General Henry Arnold, Chef des US-Generalstabs, und Professor Theodor Karaman fest: »Wir sind hinter diesen Entwicklungen auf einer Reihe von Forschungsgebieten sehr weit zurück. Wenn wir diese Gelegenheit nicht nutzen, die erbeutete Ausrüstung und die Männer, die sie entwickelt haben, sofort für uns weiterarbeiten zu lassen, werden wir viele Jahre verlieren und wahrscheinlich weiter an bereits von den Deutschen gelösten Problemen arbeiten.«

James McGovern stellte fest: »Deutschland war in der Raketenentwicklung allen anderen Nationen um 20 Jahre voraus« und General Dwight D. Eisenhower bestätigte in seinen Erinnerungen: »Wenn es den Deutschen gelungen wäre, diese Waffen sechs Monate früher zu vervollkommnen und zum Einsatz zu bringen, so ist es wahrscheinlich, daß unsere Invasion in Europa sich als äußerst schwierig, wenn nicht sogar als unmöglich erwiesen hätte.«

Am Abend des 3. Oktober 1942 sagte Dornberger: »Dieser 3. Oktober 1942 ist der erste Tag eines Zeitalters neuer Verkehrstechnik, dem der Raumschiffahrt!«
»Solange Krieg ist, kann unsere dringlichste Aufgabe nur die beschleunigte Fertigstellung der Rakete als Waffe sein. Die Entwicklung heute noch nicht absehbarer Möglichkeiten ist eine Aufgabe des Friedens.«

Von 125 Spitzenwissenschaftlern aus Peenemünde gingen nach Kriegsende 124 in die USA, wo sie in Lagern interniert wurden und im Auftrag der Armee ihre Arbeiten fortsetzten. Da sie als Kriegsgefangene nach Amerika kamen, mußten sie 10 Jahre später über die mexikanische Grenze legal in die USA einreisen. Sie verteilten sich auf die amerikanische Armee und die nun auch in den Vereinigten Staaten entstandene Raumfahrtindustrie.

Noch 1946 bildeten deutsche Soldaten in Uniform auf dem früheren deutschen Marineartillerieschießplatz in Altenwalde bei Cuxhaven Briten an der A-4-Rakete aus. Diese »Operation Backfire« war von ihnen ins Leben gerufen worden, um das gesamte V-2-System zu studieren.

In Peenemünde wurde zum ersten Male systematisch eine Rakete entworfen, entwickelt, gebaut, geprüft und erfolgreich gestartet, die in der Lage war, die Atmosphäre zu verlassen und in den Weltraum einzudringen. Peenemünde wurde zum Wendepunkt, der die Umsetzung der Raumfahrtträume in die Wirklichkeit ermöglichte.

Der Sputnik und die Saturnrakete wurden in den Weltraum geschossen, am 20. Juli 1969 betrat der erste Mensch den Mond, und bis heute waren sieben Deutsche im All. Weltraumlabors und Raumsonden sorgen für immer bessere Kenntnis der Umwelt von heute und morgen auf unserem Planeten Erde; die Grundlage für all das wurde am 3. Oktober 1942 in Peenemünde geschaffen.

V. Peenemünde nach dem Krieg

1945 – 1990

Die Rote Armee erreichte am 4. Mai 1945 die Insel Usedom und Peenemünde. Da die Heeresversuchsanstalt aber bereits evakuiert war, fielen den Sowjets keine Geheimunterlagen in die Hände. Später kamen auch die Amerikaner in das von Sowjets besetzte Peenemünde, um nach verbliebenem Material und Wissenschaftlern der deutschen Raketenentwicklung zu suchen, jedoch ebenfalls ohne Erfolg. Allerdings gab es Aktionen, bei denen hier verbliebene Techniker und Facharbeiter, die am Raketenforschungsprogramm in Peenemünde beteiligt waren, mit ihren Familien plötzlich verschwunden waren.

In den ersten Wochen nach dem Krieg war Peenemünde Versuchsgelände für sowjetische Raketenspezialisten. Der Prüfstand IX wurde von den Russen in den ursprünglichen Zustand versetzt und detailliert fotografiert. Danach erfolgte bis 1948 der systematische Abbau und Abtransport der noch verbliebenen Anlagen der Heeresversuchsanstalt. Das Potsdamer Abkommen sah unter anderem vor, daß alle Rüstungsbetriebe mit ihren Zusatzeinrichtungen dem Erdboden gleich zu machen sind. So wurden auch in Peenemünde die noch verbliebenen Anlagen gesprengt. Dazu gehörten leider auch intakte Gebäude, die nicht militärisch genutzt worden waren, wie Wohnhäuser und ein Hospital. Das ehemalige Sauerstoffwerk hielt jedoch den Sprengungen stand und steht noch heute als Ruine. Als historisches Gebäude und Einrichtung der ehemaligen Heeresversuchsanstalt wurde es durch das Landesamt für Denkmalschutz als »denkmalschutzwürdig« eingestuft.
Bis zum Sommer 1946 fuhr auch noch die moderne E-Werkbahn. Nachdem sämtliche Stahlmasten, Oberleitungen und Maschinen als Kriegsbeute in die Sowjetunion transportiert waren, setzte man wieder Dampfloks mit alten Personen- und Güterwagen ein.
Von der ehemaligen Siedlung in Karlshagen sind heute noch etwa 72 Wohnungen vorhanden. Das Brandenburger, auch Berliner Tor genannt, wurde während des Bombenangriffs vom August 1943 schwer beschädigt. In den späten 50er Jahren wurde es abgetragen, um das Material für neue Gebäude wieder zu verwenden.

Im Oktober 1945 begann die Demontage der Kraftwerkseinrichtung. Aufgrund der kritischen Energielage wurden auf Beschluß der sowjetischen Kommandantur jedoch nur 50 Prozent demontiert. Mit einer Maschine und zwei Kesseln setzte man die Energieproduktion ab Februar 1946 fort.

»Brandenburger Tor« der Siedlung in den 50er Jahren

Während man bis 1945 Steinkohle für die Energiegewinnung einsetzte, fand nun Braunkohle Verwendung, die jedoch eine Verschlechterung der Leistung mit sich brachte.
Die Beseitigung der Kriegsschäden zog sich bis zu Beginn der 50er Jahre hin. Da das Kraftwerk für die Energiewirtschaft unentbehrlich war, erfolgte bis 1954 eine erhebliche Erweiterung und ab 1960 wurden verschiedene Energiequellen wie Ölspalt- und Steinkohlenteer sowie Erdgas erprobt. Erst am 1. April 1990 wurde die Energieerzeugung eingestellt.

Mit der Vereinigung Deutschlands ist das gesamte Kraftwerksgelände Peenemünde gemäß Einigungsvertrag Bundesvermögen geworden. Bei dem Kraftwerksbaukörper handelt es sich um einen kulturhistorischen Industriebau. Durch das Landesamt für Denkmalpflege Mecklenburg-Vorpommern wurde 1991 das Kraftwerk einschließlich der dazugehörigen Gebäude und technischen Anlagen als »schutzwürdiges technisches Denkmal« eingestuft.

Auf dem Flugplatz Peenemünde-West war von 1948 bis 1958 ein sowjetisches Jagdfliegergeschwader mit sechs verschiedenen Typen von Abfangjägern stationiert. Dazu gehörten die La-7, La-9, MiG-15, MiG-17, MiG-19 und die Jak-25. In den Jahren 1958/59 wurde eine neue Start- und Landebahn gebaut. Im Rahmen dieser Baumaßnahmen beseitigte man die Reste der noch übriggebliebenen Gebäude der Luftwaffenerprobungsstelle Peenemünde-West. 1960 erfolgte die Übergabe des Platzes an die Luftstreitkräfte der Nationalen Volksarmee (NVA). Durch die Weiternutzung des Flugplatzes blieb Peenemünde weiterhin Sperrgebiet.

Kraftwerk und Hafen, heute

Ehemalige Abschußanlagen der V-1, heute

Am 16. Mai 1961 verlegte das Fliegergeschwader 9, später Jagdfliegergeschwader 9, von Drewitz bei Cottbus nach Peenemünde. Bis 1989 kamen hier die sowjetischen Flugzeugtypen MiG-15, MiG-17, MiG-21 und MiG-23 zum Einsatz. Nach der Vereinigung wurden auf dem Flugplatz ca. 10 000 ehemalige NVA-Kraftfahrzeuge abgestellt.
Durch mehrfache Modernisierungsphasen wurde der Flugplatz ständig auf dem neuesten Stand der Technik gehalten und noch heute hat er die internationale Einstufung der Kategorie I, d.h. jedes Flugzeug, egal welcher Größenklasse, kann hier unter IFR-Bedingungen starten und landen.
Aufgrund dieser Voraussetzungen und unter dem Gesichtspunkt, daß sich die Region Mecklenburg-Vorpommern immer mehr zum Feriengebiet entwickelt, sollte man bei vernünftiger Überlegung zu dem Schluß kommen, diesen Flugplatz der zivilen Nutzung zuzuführen, was auch dem wirtschaftlichen Aufschwung der Region zugute kommen würde.

Das Hafengelände Peenemünde übernahm 1950 die Seepolizei. Für den Aufbau der Flottenbasis Ost wurden feste Unterkünfte und weitere zusätzliche Gebäude errichtet sowie die Hafenanlagen ausgebessert. Mitte August 1952 war die Verlegung der ersten Räum- und Küstenschutzdivision und ihres Stabes nach Peenemünde abgeschlossen. Nachdem sechs Küstenschutzboote die Räum- und Küstenschutzdivision verstärkt hatten, wurde diese im Dezember 1952 in Flottenbasis umbenannt.
Im Zuge des Aufbaus einer eigenen Armee löste man im November 1956 die Flottenbasis Ost auf und gründete daraus den ersten operativen Verband, die 1. Flottille. Dieser Verband wurde am 1. Dezember 1956 in die seit dem 1. März bestehende NVA integriert.
Im Laufe der Jahre wurden weitere unterschiedliche Schiffe dem Verband zugeführt, die alle seit dem 3. Oktober 1990 der Bundesmarine unterstehen und zum größten Teil bis zum Dezember des gleichen Jahres außer Dienst gestellt wurden. Das Marinestützpunktkommando Peenemünde befindet sich im Hafen 1 der ehemaligen Heeresversuchsanstalt und hat die Funktion eines Anlaufhafens zur Versorgung, Reparatur und bei Notfällen. Von den rund 80 Schiffen und Booten der Volksmarine liegen immer noch einige zum Verkauf oder zur Verschrottung in Peenemünde.
Auf dem historischen Prüfstand VII, der im weitesten Sinne als Vorgänger der heutigen Raketenleitzentren in Cape Canaveral und Baikonur zählt, findet man noch Trümmer der gesprengten Montagehalle, die Abgasschurre, in der sich zwischenzeitlich Wasser angesammelt hat, und den Starttisch für die Raketen. Auch dieser Bereich sollte als schutzwürdiges technisches Denkmal erhalten und zumindest teilweise wieder rekonstruiert werden.

Auch die Greifswalder Oie war von 1937 bis zur deutschen Vereinigung militärisches Sperrgebiet. Nach 1945 bezog die Rote Armee die Beobachtungsstation auf der Insel. Auch die hier bestehenden Raketenanlagen wur-

Ruine der Abschußanlage (A-4) Prüfstand VII, heute

den demontiert oder gesprengt. Die Zugänge zu den unterirdischen Bunkern mauerte man zu. 1957 kam die NVA auf die Insel Oie, die hier in den 70er Jahren auch eine Einheit der Luftstreitkräfte zur Luftraumüberwachung einsetzte. 1991 verließen die letzten Soldaten der Bundeswehr die Insel. Sämtliche genutzten Gebäude wurden in einwandfreiem Zustand verschlossen, alle Anlagen waren abgeschaltet, aber weiterhin funktionsfähig. Leider versäumte man, eine weitere Bewachung einzusetzen, so daß die Gebäude und Anlagen mutwillig aufgebrochen bzw. erheblich beschädigt und zerstört werden konnten. Auch wurden Einrichtungsgegenstände und Maschinenteile gestohlen. Die Bundesmarine wurde mit der Sanierung der Insel beauftragt.

Leuchtturm, Gasthaus, ein zugemauerter Bunker im Nordteil der Insel und Reste des Beobachtungsbunkers sowie die Betonstraße sind heute noch erhalten.

Das Historisch-Technische Informationszentrum

Mehr als 50 Jahre war Peenemünde Sperrgebiet. Erst nach der Vereinigung wurde dieses Gebiet ab 2. Dezember 1989 wieder für jedermann zugänglich. Davon ausgenommen sind jedoch der Hafen 1 der ehemaligen Heeresversuchsanstalt, der jetzt von der Bundesmarine genutzt wird, sowie einige logistische Einrichtungen, wie z.B. das Munitionslager mit Ringwall, ehemals Prüfstand I der Heeresversuchsanstalt.
1990 und 1991 fanden sich interessierte Bürger in einem Förderverein zusammen, um die Geschichte der Region aufzuarbeiten und Bewahrenswertes zu erhalten.
Der Schwerpunkt liegt dabei auf den Entwicklungen ab 1936.
Seit dem 9. Mai 1991 hat das Historisch-Technische Informationszentrum auf dem Kraftwerksgelände Peenemünde seine Pforten geöffnet. Bereits 1992 verzeichnete das Informationszentrum ca. 170 000 Besucher und zählt heute zu den meistbesuchten Einrichtungen Mecklenburg-Vorpommerns. Diese Tatsache bestärkt den Entschluß zum weiteren Ausbau des Raumfahrtmuseums.

Das Historisch-Technische Informationszentrum präsentiert seine Ausstellung in der Bunkerwarte. Von hier aus konnte das Kraftwerk während des Krieges teilweise ferngesteuert werden. Während der Bombardierungen in den Jahren 1943 und 1944 diente das Gebäude als Luftschutzbunker für die Kraftwerksbelegschaft und Mitarbeiter der Heeresversuchsanstalt. Heute beinhaltet es eine umfangreiche Sammlung zur Entwicklung der Raumfahrt. Bereits vor dem Gebäude präsentiert sich ein verkleinertes Modell des legendären Aggregat-4, der in Peenemünde entwickelten Flüssigkeitsrakete, die hier am 3. Oktober 1942 das Tor zum Weltraum öffnete. Dieses historische Datum ist als die Geburtsstunde der Weltraumfahrt in die Weltgeschichte eingegangen.
Im Vorraum der Bunkerwarte trifft der Besucher auf eine Anzahl von Original-Bestandteilen des A-4 und der Fi-103. Dazu zählen ein Treibstoff-Förderpumpen-Aggregat, welches zur besseren Darstellung aufgeschnitten wurde, ein Heckring und der Einspritzkopf sowie eine im Waldgebiet von Peenemünde gefundene Spitze der A-4. Von der Fi-103 kann ein Druckbehälter und ein Startbeschleunigungsbolzen besichtigt werden.
Fotos vom heutigen Peenemünde und einige topographische Karten vom Nordwestteil der Insel Usedom aus verschiedenen Zeiten ergänzen die Ausstellung im Vorraum der Bunkerwarte.
Diese ist im Hauptraum in mehrere Bereiche unterteilt. Gleich zu Beginn werden die Anfänge der Raumfahrt mit dem Einsatz der ersten Pulverraketen geschildert. Auf Wandtafeln wird das Wirken namhafter Raketenpioniere wie Ziolkowski, Valier, Goddard, Esnault-Pelterie, Winkler und Oberth dargestellt.

Den Beginn der Raumfahrtforschung in Deutschland dokumentieren Zeugnisse aus den 20er Jahren sowie von den Versuchen auf dem Raketenschießplatz Berlin-Reinickendorf und der Versuchsstelle Kummersdorf-West.
In Vitrinen wird das Wirken um die Raketenforschung und der Heeresversuchsanstalt von Prof. Dr. Wernher von Braun und Generalmajor Dr.-Ing. Walter Dornberger gezeigt.
Zahlreiche Bilddokumente, Ausstellungsstücke und Modelle im Maßstab 1:87 geben Aufschluß über den Aufbau der Versuchsstelle der Luftwaffe und der Heeresversuchsanstalt. Auch durch die Ausstellung persönlicher Ausrüstungsgegenstände, von Personalpapieren und Aufzeichnungen werden Einzelschicksale ehemaliger Mitarbeiter aufgezeichnet. So ist auch in einer Vitrine die Totenmaske des Ingenieurs Klaus Riedel ausgestellt. Er hatte damals die technische Leitung in Peenemünde-Ost und starb am 14. August 1944 bei einem ungeklärten Autounfall.

Auch weitere Waffen- und Flugzeugentwicklungen aus Peenemünde werden in diesem Raum vorgestellt. Dazu gehören die He-176, die am 20. Juni 1939 als erstes Flugzeug der Welt mit einem Raketentriebwerk startete und die Me-163, die am 2. Oktober 1941 erstmals mit 1004 km/h die Schallgeschwindigkeit erreichte. Der Besucher erfährt weiterhin, daß hier auch die Flugabwehr-Raketen »Enzian« und »Wasserfall« entwickelt wurden.
Im Zentrum des großen Raumes der Bunkerwarte steht ein detailgetreues Panorama des Peenemünder Hakens zur Zeit 1942/43. Der Besucher erkennt die Standorte der Forschungs- und Produktionsstätten, der Prüfstände des Versuchsgeländes, der Wohnsiedlung sowie weiterer Einrichtungen wie Raketen-Lagerbunker, Hafenanlagen und Flugplatz.

An die bemannte Raumfahrt der vergangenen Jahrzehnte bis heute erinnert eine Aufstellung aller bisherigen deutschen Raumfahrer, von Sigmund Jähn bis Ulf Merbold. Die Weltraumaktivitäten der Sowjetunion und der USA, die letztlich auf die Ergebnisse deutscher Forschungen bis 1945 zurückgehen, werden ebenfalls erläutert. Zusätzlich sind Modelle verschiedener Satelliten ausgestellt. Weiterhin erfährt der Besucher Wissenswertes über die deutsche Raumfahrtorganisation.
Im anschließenden Videoraum, der 60 Personen Platz bietet, werden die Videos »Peenemünde – Wiege der Raumfahrt« und »Hitlers Geheimwaffe« abwechselnd vorgeführt. Beide Videos sowie Info-Hefte über Peenemünde, die Raketenentwicklung und Wissenswertes über Vorpommern können am Eingang erworben werden.
Im vorderen Teil des Video-Vorführraumes steht ein Modell des legendären Prüfstands VII im Maßstab 1 : 87.
An den Wänden sind 18 Weltraum-Fotos ausgestellt, die Sigmund Jähn während seines Weltraumfluges im Jahr 1978 fotografierte.

V1, Freigelände Ausstellung

Im Freigelände kann der Besucher das Modell einer Fi-103 (V-1) neben verschiedenen MiG-Flugzeugtypen, die bei den Luftstreitkräften der NVA geflogen wurden, besichtigen.
Weiterhin gehören einige historische Flugzeugmotoren, die mit Peenemünde im Zusammenhang stehen, ebenfalls zur Ausstellung. Dazu zählt der Junkers-Motor 211 einer »Focke Wulf 190«, der am 24. Januar 1992 von Karlshagener Fischern im Netz aus der Ostsee geborgen wurde. Ein weiterer Junkers-Motor 213 stammt aus einer He-111, die aufgrund eines Triebwerkbrandes am 14. April 1945 bei Peenemünde abstürzte.
Ein britischer Flugzeugmotor Rolls-Royce-Merlin 24 ist hier ebenfalls ausgestellt.
Er stammt aus einem am 18. August 1943 über Peenemünde abgeschossenen britischen »Lancaster«-Bomber, der in den nahen Kölpiensee stürzte. Dieser Motor wurde im September 1991 aus dem See geborgen.

Im Kraftwerksgebäude befindet sich im ersten Stock die Ausstellung »Energie erleben«. Im Erdgeschoß beginnt zu jeder vollen Stunde eine Multi-Visions-Show mit dem Titel »... es begann in Peenemünde«, eine Zusammenfassung der Raketenentwicklung von der Großrakete A-4 bis hin zu internationalen Weltraumprojekten.

Die Rekonstruktion einer A-4, in Originalgröße und unter Verwendung mehrerer Originalteile, wird ab Sommer 1995 im Ausstellungsgelände zu sehen sein.

Vision eines Raumfahrtparkes

Durch die ständig steigenden Besucherzahlen des Historisch-Technischen Informationszentrums (z. Zt. 1500/Tag) wird ein weiterer Ausbau dieser Einrichtung notwendig. Aufgrund der gegebenen Voraussetzungen bietet sich an, das Informationszentrum zu einem Raumfahrtmuseum zu erweitern und in einen Raumfahrtpark zu integrieren.

Deutschland hat eine lange Tradition gesellschaftlich-kultureller Bezüge zu Weltraum und Raumfahrt von Immanuel Kant über Wernher von Braun bis zu unseren Astro- bzw. Kosmonauten. Die Idee eines Raumfahrtparks wird hier sowohl von politischer, wissenschaftlicher als auch industrieller Seite befürwortet. Seit der Vereinigung kommt nun auch Peenemünde als Standort mit internationalem Charakter in Frage.

Aufgrund der dort in den Jahren 1936 bis 1945 durchgeführten Entwicklungen und der weltweit anerkannten Stellung als Geburtsort der Raumfahrt ist Peenemünde ein möglicher Standort für einen Raumfahrtpark. Hinzu kommt, daß die Errichtung auf historischem Boden, unter Einbeziehung verbliebener, nicht zerstörter Einrichtungen, erfolgen kann. Die seit der Gründung 1991 ständig steigenden Besucherzahlen im Historisch-Technischen Informationszentrum zeigen, daß ein starkes Informationsbedürfnis über die historische Entwicklung und die heutige Raumfahrttechnik besteht.

Die Idee eines Raumfahrtparks »Space Camps« wurde von Wernher von Braun geboren. Das auf sein Betreiben gegründete »Space and Rocket Center« in Huntsville, Alabama, stellt die derzeit größte Einrichtung dieser Art dar.
Die Landesregierung Mecklenburg-Vorpommerns unterstützt diese Pläne, denn ein entsprechend gestalteter Raumfahrtpark dient der Tourismusentwicklung der Insel, führt zur Saisonverlängerung, schafft Arbeitsplätze für Bewohner der Region und fördert den wirtschaftlichen Aufschwung.
So wurden in einer Studie bereits die Elemente des zukünftigen Raumfahrtparks definiert: Raumfahrtmuseum mit Freigelände, Trainings- bzw. Aktionszentrum, Kongreßzentrum mit Hotel und Infrastruktur.
Hauptziel ist es, daß der Raumfahrtpark eine Einrichtung wird, die sowohl wissenschaftlich als auch allgemeinverständlich Raumfahrt in der Öffentlichkeit, insbesondere bei der Jugend präsentiert. Kernelement wird daher das Raumfahrtmuseum sein, das über Regionalgeschichte und internationale Raumfahrtentwicklung informiert. Durch das Raumfahrtmuseum soll gleichzeitig das Interesse geweckt werden, an Programmen im Trainingszentrum teilzunehmen. Zielsetzung im Trainingszentrum ist vor allem: Die Lehrgangsteilnehmer sollen den Sinn der Weltraumforschung und den Nutzen der Raumfahrttechnik für die Menschheit kennenlernen.

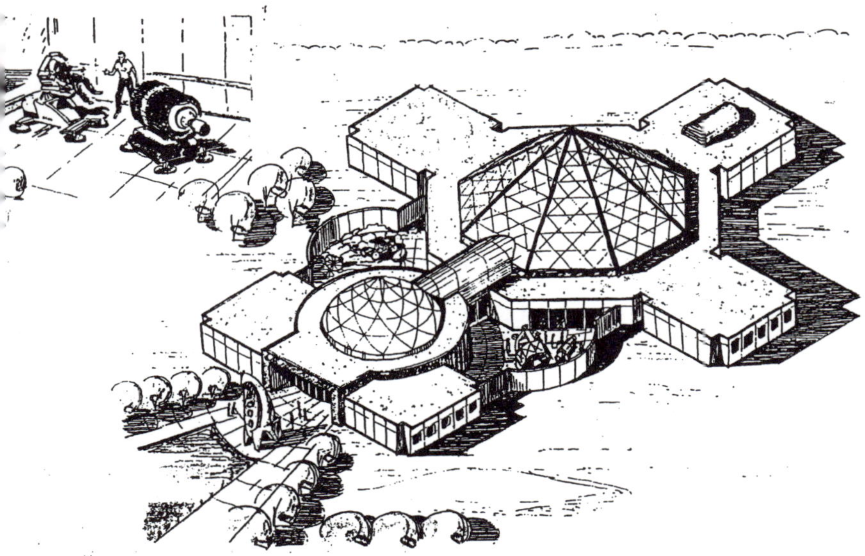

Entwurf eines Neubaus für das Trainingszentrum

Hierzu werden Lehrgänge mit unterschiedlicher Dauer vorgeschlagen. Diese reichen vom Tageskurs über Wochenendkurse bis hin zu Wochenkursen, die in Gruppen von ca. 8–10 Personen durchgeführt werden.
Die bestehenden historischen Anlagen, insbesondere der Gesamtkomplex des Kraftwerkes, werden in den zukünftigen Raumfahrtpark integriert werden. Dabei soll die äußere Gestaltung der Gebäude nur so verändert werden, wie es für bessere Nutzung notwendig ist. Im Kraftwerk bleibt eine Kesselanlage als technisches Denkmal erhalten.

Der Raumfahrtpark wird sich harmonisch in das Umfeld einfügen und die Belange des Umwelt- und Naturschutzes berücksichtigen. So wird der historische Prüfstand VII über einen Naturlehrpfad zu erreichen sein, dessen Weiterführung rund um den Kölpiensee geplant ist.
Der Peenemünder Nordhafen wird durch die Bundesmarine nicht weiter genutzt werden. Fährverbindungen von dort zu anderen vorgelagerten Inseln werden bereits angeboten. Der Ausbau zu einem kleinen Yachthafen würde sich anbieten. Die Erschließung und die Betreibung des Peenemünder Strandes und die Errichtung von Freizeit- und Sportanlagen könnte diese Zukunftsvision abrunden. Eine zivile Nutzung des Peenemünder Flughafens, der ehemaligen Erprobungsstelle der Luftwaffe, wäre für das Gesamtvorhaben von Nutzen. Inzwischen kann der Flugplatz als Sonderlandeplatz für VFR-Flüge für Luftfahrzeuge bis 5,7 t genutzt werden.

VI. Routenvorschläge – Tourismus auf Usedom

Anreisewege nach Peenemünde

Mit dem Auto

Über das bestehende Straßennetz ist Peenemünde gut zu erreichen. Von Lübeck aus über die B 105, über Rostock nach Stralsund. Von dort auf der B 96 oder parallel dazu auf der E 251 nach Greifswald. Ein Ausbau der A 20 auf dieser Strecke ist in Planung (Verkehrsprojekt Deutsche Einheit). Von Greifswald aus fährt man Richtung Wolgast bis Kemnitz. Hier gabelt sich die Straße und man hat die Möglichkeit, das Ziesebruch über Wusterhusen nördlich nach Wolgast zu umfahren oder die nach rechts abbiegende Straße über Neu Boltenhagen zu wählen. Auf diesem Weg stößt man auf die B 111, auf der man nach links folgend ebenfalls Wolgast erreicht. Von Wolgast aus folgt man der B 111 über den Peenestrom nach Bannemin, wo man links abbiegt und über Trassenheide und Karlshagen Peenemünde erreicht.

Von Berlin aus hat man die Möglichkeit, auf der B 109 durch das Biosphärenreservat Schorfheide– Chorin oder über die A 11 (E 28) nach Prenzlau zu fahren. Von Prenzlau aus fährt man auf der B 109 über Pasewalk nach Anklam. Von Anklam aus folgt man dem Hinweisschild nach Lassan und Wolgast, wobei man kurz vor Wolgast wieder auf die B 111 stößt. Wer sich auf dem Weg nach Peenemünde gleich die Insel Usedom ansehen möchte, kann auf dieser Route im Ort Murchin, zwischen Anklam und Lassan, nach Usedom abbiegen. Auf der B 110 geht es nun über den Ort Usedom zum Seebad Ahlbeck. Dort trifft man wieder auf die B 111 und über Heringsdorf, Bansin, Koserow und Zinnowitz erreicht man die Abzweigung in Bannemin nach Peenemünde.

An beiden Brücken, über die Usedom mit dem Auto zu erreichen ist, muß man in Ferienzeiten, an sommerlichen Wochenenden und Feiertagen, sowohl bei der An- als auch bei der Abreise mit Staus und Wartezeiten rechnen.

Mit der Bahn

Es gibt eine direkte Zugverbindung von Berlin-Lichtenberg nach Wolgast. Von Wolgast aus gibt es die Strecken Wolgast–Peenemünde und Wolgast–Ahlbeck.

Mit dem Flugzeug

Auf Usedom ist der Flugplatz Heringsdorf nach Sichtflugregeln (VFR) anzufliegen.
Während der Sommermonate gibt es eine feste Linienverbindung nach Berlin – Schönefeld. Täglich, außer mittwochs; Flugzeit ca. 25 Minuten.
NEU: Flugplatz Peenemüne als VFR-Sonderlandeplatz bis 5,7 Tonnen; PPR.

Übernachtungsmöglichkeiten in Peenemünde und Umgebung – Gaststätten

Gasthof und Pension »Zur Zwiebel« Peeneplatz 3 17449 Peenemünde Tel. 03 83 71/2 02 92 Fax 03 83 71/2 81 05	Pommersche Küche tägl. ab 11.30 Uhr

Feldsalonwagen – Speisegaststätte
inmitten des Historisch-Technischen Informationszentrums Peenemünde
50 Plätze mit Terrassenbedienung – Spezialitäten aus Thüringen.
Montags Ruhetag

Hotel »Waldhof« Forststraße 9 17449 Trassenheide Tel. 03 83 71/5 00 Fax 03 83 71/2 05 61	80 Hotelzimmer mit Du/WC/TV/ Video/Radio/Minibar/Telefon, Restaurant mit Sonnenterrasse/Bar, Fisch- und Wildspezialitäten, Kegelbahn, Fußweg zum Strand.
Pension-Restaurant »KALIEBE« Zeltplatzstraße 5 17449 Trassenheide Tel. 03 83 71/2 09 33 Fax 03 83 71/2 81 97	13 Doppelzimmer, 6 Bungalows für 4 bis 6 Personen, TV, Telefon, Mecklenburgische Küche mit Fisch- und Wildgerichten.
Hotel »Pommerscher Hof« Kiefernweg 4 17454 Zinnowitz Tel. 03 83 77/26 43 Fax 03 83 71/4 09 29	24 Zimmer mit Du/WC/TV/Radio/Telefon 3 Ferienwohnungen für je 4 Personen, gemütliches Restaurant mit über 60 Plätzen, 8 Minuten Fußweg zum Strand.

Campingplatz
»Pommernland«
Dr.-Wachsmann-Straße 40
17454 Zinnowitz
Tel. 03 83 77/4 03 48
Fax 03 83 77/4 03 49
Gesch.-Stelle: 03 83 77/4 01 77
Öffnungszeiten: 22.Dezember bis
30. Oktober jeden Jahres

In lichtem Kiefernwald gelegen, 150 m zum Strand, behindertengerecht, DU/WC, Strom, Gas, Waschmaschinen, Sauna, Snackbar, Cafe, Supermarkt.
Ganzjährig werden finnische Blockhäuser vermietet.

Kelch's Fischrestaurant
Karlstraße 9
17459 Koserow
Tel. 03 83 75/4 58

Fischspezialitäten

Freizeitangebote auf Usedom

Die Insel Usedom gehört zu Mecklenburg-Vorpommern, das mit 1,87 Millionen Einwohnern und einer Fläche von 23 421 qkm die geringste Bevölkerungsdichte aller 16 Bundesländer hat. Das bedeutet 80 Einwohner pro qkm (Bundesdurchschnitt sind 223). Landeshauptstadt ist Schwerin. Durch die malerische Ostseeküste, die grandiose Steilküste Rügens mit ihren weißen Kreideklippen, Schwerin mit seinem Schloß, Güstrow mit dem Barlach-Haus und der Mecklenburgischen Seenplatte ist der Fremdenverkehr für Mecklenburg-Vorpommern wieder einer der wichtigsten Wirtschaftszweige geworden. Wichtigster Industriezweig des Agrarlandes mit maritimer Wirtschaft ist der Schiffbau.

Der erste deutsche Kanzler, Otto von Bismarck, behauptete, wenn die Welt untergehe, dann gehe sie in Mecklenburg hundert Jahre später unter. Der Schriftsteller Fritz Rudolf Fries nennt diese Landschaft ein Freilichtmuseum und spielt dabei auf die besonderen Schönheiten des Landes an. Dazu gehört auch die Backsteingotik in den alten Hansestädten wie Wismar, Rostock und Stralsund. Im 1234 gegründeten Stralsund gehören das Rathaus und die Nikolaikirche zu den prächtigsten Bauten norddeutscher Backsteingotik. Die Stadt mit ihren prächtigen Häuserfassaden wird auch das »Venedig des Nordens« genannt.

Von hier aus gibt es Schiffsverbindungen zur Insel Dänholm und nach Hiddensee, Insel der Berliner Boheme. Hier steht auch das Haus des Dichters Gerhart Hauptmann. Vorpommerns sogenannte »Boddenküste«, das sind Sandstrände mit zerrissenen Flachwasserbuchten, sind Ausgangspunkte für Schiffstouren nach Dänemark, Schweden und Polen.

In Greifswald beeindrucken die backsteinernen gotischen Bürgerhäuser am Markt und die Kirchen St. Marien, St. Nikolai und St. Jacobi, die den Besucher in diesem flachen Landstrich schon von weitem grüßen. So entstanden auch die Bilder, wie sie Caspar David Friedrich malte, der hier geboren wurde und den die heimatliche Landschaft tief bestimmte.
Die Universität von Rostock wurde 1456 gegründet und gehört zu den alten Universitäten im deutschsprachigen Raum. Wolgast, die Stadt am Peenestrom, ist für viele Urlauber das Eingangstor zur Insel Usedom. Entlang der Bäderstraße führt der Weg zu den traditionellen Ostseebädern der Insel. Von Zinnowitz über Heringsdorf bis nach Ahlbeck reiht sich ein Badeort an den anderen.
In der Ückermünder Heide kann man auf fast 200 Kilometer Wanderwegen die Vielfalt der Natur kennenlernen. Hier leben noch Seeadler, Kraniche und Fischotter.
Vorpommern ist sowohl der Geburtsort der Luftfahrt als auch der Raumfahrt, denn am Ufer der Peene schwang sich 1890 Otto Lilienthal mit seinen selbstgebauten Gleitern erstmals in die Lüfte und gut 50 Jahre später, am 3. Oktober 1942, startete vom Ufer desselben Flusses, nämlich in Peenemünde, die erste Rakete in den Weltraum.
In der vorpommerschen Kleinstadt Anklam wurde 1848 Otto Lilienthal geboren. Das Museum der Stadt verfügt über Nachbauten von Flugapparaten aus Lilienthals Nachlaß. Über die Raketenentwicklung gibt das Historisch-Technische Informationszentrum in Peenemünde Auskunft.
Usedom, Deutschlands östlichste Insel, zwischen Peene und Swine vor dem Stettiner Haff gelegen, ist 445 qkm groß und an zwei Stellen über Brücken vom Festland aus zu erreichen. Der südöstliche Teil der Insel, mit der Stadt Swinemünde, steht seit 1945 unter polnischer Verwaltung und ist als Grenze seit 1991 völkerrechtlich anerkannt, obwohl diese westlich der »Oder-Neiße-Grenze« verläuft.
Kilometerlanger feinster weißer Sandstrand säumt die dem Meer zugewandte Seite der Insel. Hier reihen sich die alten traditionellen Badeorte mit ihren prächtigen Villen und Hotels aus den »goldenen zwanziger Jahren« aneinander. Ruhig und still ist dagegen die Binnenküste am boddenartigen Achterwasser und am Stettiner Haff. Im Inselinneren sorgen Buchen- und Kiefernwälder, sandige Seen und grüne Hügel für landschaftliche Vielfalt. So ist es auch nicht verwunderlich, daß hier 1990 der Naturpark Usedom mit einer Fläche von 800 qkm geschaffen wurde. Er umfaßt den größten Teil der Insel Usedom sowie den gegenüberliegenden schmalen Küstenstreifen auf dem Festland zwischen der Halbinsel Struck und der Peenemündung.
Nicht nur die See hat die Landschaft im Naturpark gestaltet. Älter sind die Oberflächenformen, die die Gletscher der Eiszeit zurückließen. Dieses sind kuppige Grundmoränen, Schmelzwasserrinnen und Zungenbecken. Besonders ausgeprägt ist die Hügellandschaft mit Höhen bis zu fast 60 Metern im Süden Usedoms.

Die Dünen sind oft in mehreren Wällen hintereinander gestaffelt. An der Farbe des Sandes läßt sich das Alter der Dünen gut ablesen. Zu den ältesten gehören die Braundünen, dann folgen die Gelbdünen und schließlich die Weißdünen, die erst in jüngster Zeit aufgeweht wurden und teilweise noch kaum bewachsen sind.
Die Seen und Moore im Innern der Insel gehen auf Ausschürfungen eiszeitlicher Gletscher zurück. Der Gothensee im Osten Usedoms mit seinem 600 Hektar großen Thurbruch, einem seit Jahrhunderten als Wiese und Weide genutzten Niedermoor, wurde unter Naturschutz gestellt. Der See gehört gleichzeitig zu einem Schutzgebiet für den Fischotter. Da ein großer Teil der Insel lange Zeit, auch noch nach 1945, Sperrgebiet war, sind hier vom Aussterben bedrohte Pflanzengemeinschaften, seltene Schmetterlingsarten und Wasservögel zu finden.

Für einen Badeurlaub bietet sich Usedom geradezu an. Schon seit der Jahrhundertwende nennt man die Insel auch die » Badewanne Berlins«. Zu dem 42 km langen Sandstrand an der Außenküste kommen noch 160 km Küste am ruhigen Achterwasser. Diese großzügige Uferfläche lädt zum Baden, Segeln, Surfen, Boot- und Wasserskifahren ein. Eine ca. 200 Meter breite Landbrücke zwischen den Orten Zempin und Koserow verbindet die vom Achterwasser geteilte östliche größere und landschaftlich abwechslungsreichere Hälfte von der westlichen kleineren Hälfte. Hier, westlich der Straße von Trassenheide nach Karlshagen, befindet sich das große Trassenmoor mit einer ausgeprägten Hochmoorfauna. In der Mitte des Moors liegt ein langgestreckter See, der zunehmend verlandet. Bei einer Wanderung durchs Moor trifft man auf allerlei Reptilien, und festes Schuhwerk ist dringend empfohlen, denn auch Kreuzottern sind hier reichlich anzutreffen.

Trassenheide und Karlshagen sind reine Badeorte mit breitem, feinem Sandstrand und großer Flachwasserzone. Der Strand ist in mehrere FKK-Bereiche untergliedert. Da Karlshagen bis zur Aufhebung der Sperrzonen an deren Grenze lag, ist der Baustil eindeutig auf militärische Belange abgestimmt. Von hier aus führt die Straße nach Peenemünde. Das gesamte Waldgebiet links und rechts der Straße gehörte früher zur Heeresversuchsanstalt und wird wegen der gesprengten Anlagen auch als Trümmerfeld bezeichnet. Da in diesem Bereich noch Blindgänger vorhanden sind, ist dieser Bereich aus Sicherheitsgründen weiterhin gesperrt, lediglich der Strand ist der Öffentlichkeit zugängig.

Das alte Seebad Zinnowitz ist der größte und schönste Badeort auf der Westseite der Insel und wird auch als »Perle der Ostsee« bezeichnet. Zwischen Ostsee und Achterwasser liegt der Ort mit seinen Villen, Pensionen und einstigen Grand-Hotels eingebettet in einem Waldgebiet. Im 1880 eröffneten »Strandhotel«, dem späteren »Preußenhof«, verbrachte der Kronprinz

von Preußen seinen Kuraufenthalt. Auch der Ex-Bundespräsident Heinrich Lübke wohnte als Stellvertretender Einsatzleiter der Baugruppe Schlempp in Zinnowitz. Lediglich das zu DDR-Zeiten erbaute monströse Hotel »Roter Oktober«, jetzt Hotel »Baltic«, stört das Bild der traditionellen Strandpromenade. Ein Besuch des Meerwasserschwimmbads ist zu empfehlen.
Seit 1938 lag auch Zinnowitz im Sperrbezirk der Heeresversuchsanstalt Peenemünde. So befanden sich ebenfalls Raketenanlagen und andere Einrichtungen in und nahe Zinnowitz. Noch heute steht eine ehemalige Funkmeßstelle in der Düne vor dem Hotel »Baltic«, und im Wald Richtung Zempin kann man noch eine Abschußrampe für die V-1 ausmachen.

Das Städtchen Usedom auf der gleichnamigen Insel war im 12. Jahrhundert Ausgangspunkt für die Christianisierung Pommerns. Von der ehemaligen Slawenburg blieb nur ein Erdhügel nahe dem Hafen erhalten. Von der mittelalterlichen Stadtbefestigung steht kaum mehr als das Anklamer Tor. Das spätgotische Stadttor aus Ziegelsteinen stammt aus der Mitte des 15. Jahrhunderts.
Obwohl Usedom schon seit dem 19. Jahrhundert eine beliebte Ferieninsel ist, konnten die Fischerdörfer und Städtchen ihren besonderen Charme bewahren. Die Orte Ahlbeck, Heringsdorf und Bansin sind die bekanntesten Seebäder der Insel. Völlig abseits aller Touristenströme liegt Kamminke im äußersten Südosten des Naturparks. Einfache Häuser, improvisierte Gartenzäune und unbefestigte Straßen lassen das ehemalige Fischerdorf wie ein Überbleibsel aus früherer Zeit erscheinen.

Das Seebad Heringsdorf war einst der vornehmste aller Usedomer Badeorte. Alles, was Rang und Namen hatte, kam in das damals führende Seebad Usedoms, das bereits über ein Casino verfügte. Auch Kaiser Wilhelm II. hatte hier eine standesgemäße Villa. Prunkvolle klassizistische Villen säumen die Straßen des 1818 als Fischerdorf gegründeten Seebades, das noch in den 30er Jahren Weltruf genoß. Zu den vielen berühmten Besuchern zählten Johann Strauß und Heinrich Mann.

Im Seebad Ahlbeck, das im Gegensatz zum mondänen Heringsdorf immer ein Familienbad des Mittelstandes war, ist die einzige historische Seebrücke Mecklenburg-Vorpommerns noch teilweise erhalten. Historischer Bestandteil der verspielten, jetzt 280 Meter langen Holzkonstruktion ist der mit vier Türmchen verzierte Pavillon, der heute als Cafe, Restaurant und Bar dient. Seebrücken dienen nicht nur als Promenade für Kurgäste, sondern bieten auch Anlegemöglichkeiten für Boote und Ausflugsdampfer. Die neue Seebrücke von Zinnowitz ist 315 Meter lang und 3 Meter breit. So hofft man, an eine große Vergangenheit als Kurort anknüpfen zu können, von der noch immer viele klassizistische und märchenhaft verspielte Villen zeugen.

Auch Koserow erhielt 1993 eine neue Seebrücke mit zwei Anlegestellen für Ausflugsschiffe. In unmittelbarer Nähe stehen die restaurierten, reetgedeckten Salzhütten aus der Zeit um 1820, in denen einst steuerfreies Steinsalz gelagert wurde. Hier wurden Heringe gesalzen und verpackt, weshalb man sie auch Heringshütten nannte. Die Kirche im Ortszentrum ist Usedoms ältester Sakralbau. Das über 700 Jahre alte Gotteshaus birgt einen kostbaren Schnitzaltar aus dem 15. Jahrhundert. Direkt hinter dem Ort ragt der Streckelsberg auf, der mit seinen 56 Metern die höchste Erhebung an der Außenküste Usedoms ist. Auf seiner Spitze, direkt am Kliffrand, liegt ein gesprengter Hochbunker, der früher als Flakleit- und Beobachtungsturm der Heeresversuchsanstalt für die gestarteten Raketen diente.
An der schmalsten Stelle der Insel Usedom, zwischen Koserow und Zempin endete der Sperrbezirk.

Gesprengter Flakleitturm auf dem Streckelsberg

Die beiden kunstgeschichtlich bedeutendsten Bauten der Insel stehen in Mellenthin unmittelbar nebeneinander. Der um 1340 entstandene Chor der Dorfkirche ist mit gotischen Fresken geschmückt. Das um 1580 fertiggestellte Wasserschloß gilt als einer der bedeutendsten Profanbauten der Renaissance im norddeutschen Raum.
Am Schmollensee liegen die beiden Gemeinden Pudagla und Benz. Jeweils südlich der Ortschaften stehen gut erhaltene Bockwindmühlen. Die Mühle in Benz wurde vom Landschaftsmaler Otto Niemeyer-Holstein (1896–1984), der auf dem Friedhof von Benz begraben ist, restauriert. Sein ehe-

maliges Wohnhaus und Atelier, Lüttenort, liegt nahe dem Koserower Achterwasser am Weg nach Zinnowitz und kann besichtigt werden.
Den Kern Pudaglas bildet das 1574 errichtete Schloß, das dem Besucher wie ein Gutshof erscheint. Ein etwa 5 Kilometer langer Rundwanderweg, mit gelbem Dreieck markiert, führt von hier ans Achterwasser, wo ein mächtiger Findling, der Teufelsstein, zu sehen ist.

Im Usedomer Winkel findet man eines der imposantesten verkehrstechnischen Baudenkmäler Deutschlands: die Überreste der in den letzten Tagen des Zweiten Weltkriegs gesprengten Eisenbahn-Hubbrücke von Karnin, die Bestandteil der Bahnverbindung Berlin–Swinemünde war.

Eisenbahn – Hubbrücke, Karnin

Ahlbeck, Grenzübergang

Ca. 2 Kilometer östlich von Ahlbeck verläuft die deutsch-polnische Grenze vom Ostseestrand zum Wolgastsee und östlich von Kamminke ans Oderhaff. Der offizielle Grenzübergang bei Ahlbeck ist für PKW gesperrt. Wer Swinemünde besichtigen möchte, kann sein Fahrzeug auf einem gebührenpflichtigen Parkplatz an der Grenze abstellen.
Das Freizeitangebot der Insel ist groß. Wassersport auf der Ostsee, auf Seen und Flüssen wird großgeschrieben. So gibt es viele Möglichkeiten zum Tauchen, Surfen, Angeln und Kanufahren. Viele Wanderrouten führen den Besucher zu den Schönheiten der Insel. Hier einige Routenvorschläge:

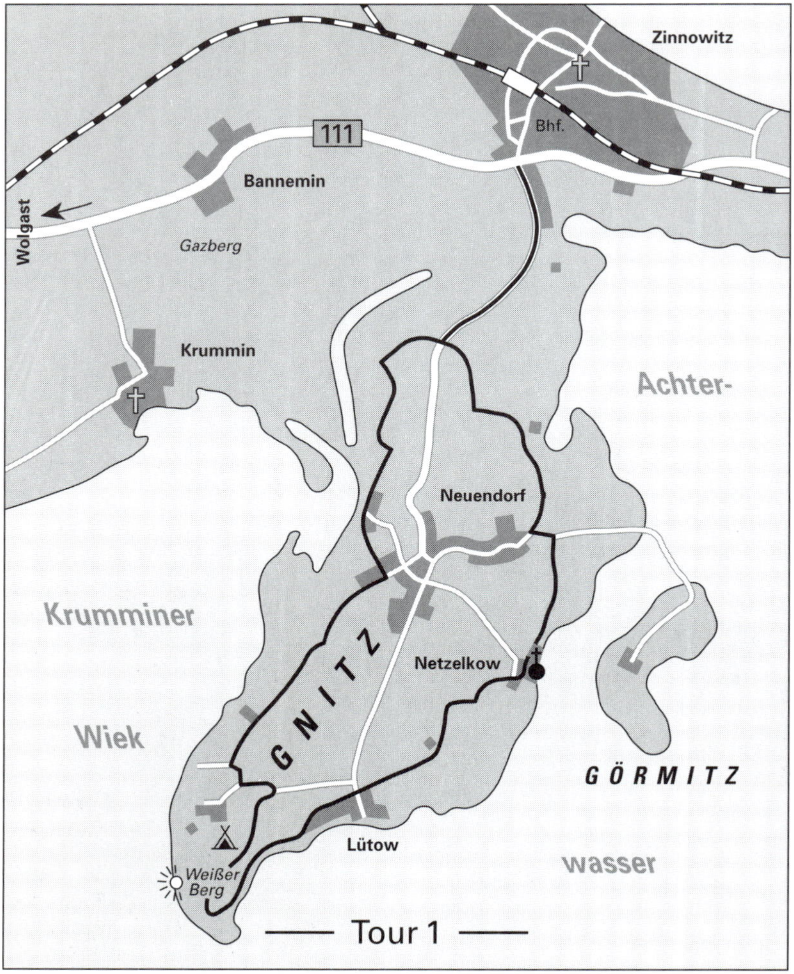

Tour 1: Gnitzwanderung
Kennzeichnung: waagerechter grüner Strich

Diese ca. 18 km lange Wegstrecke führt von Zinnowitz aus durch Neuendorf nach Netzelkow und Lütow mit dem größten Großsteingrab der Insel Usedom, verborgen unter einer 350 Jahre alten knorrigen Eiche.
Von Lütow aus hat man einen herrlichen Blick über das Achterwasser. Das Ende der Landzunge rund um den 32 Meter hohen Weißen Berg , von dem aus sich ein grandioser Panoramablick anbietet, ist Naturschutzgebiet. Durch Wiesen, Äcker und Wälder, vorbei am Krumminer Wieck, verläßt der Wanderweg die Halbinsel Gnitz.

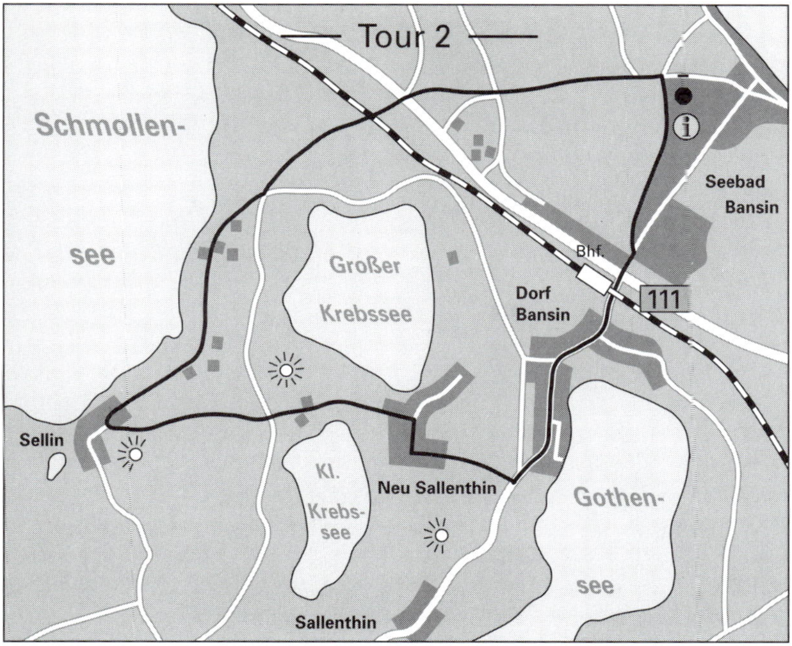

Tour 2: Nach Sellin und zu den Krebsseen
Kennzeichnung: grünes Quadrat

Auf diesem ca. 8 km langen Weg durchwandert man die sogenannte »Usedomer Schweiz«. Vom Bahnhof Bansin aus geht es durch den Wald entlang am Schmollensee nach Neu-Sallentin. Oberhalb des Kleinen Krebssees befindet sich ein Aussichtspunkt, der einen Teil der Schönheit der »Usedomer Schweiz« zeigt.
Am Großen Krebssee können Angelkarten für die Seen erworben sowie Tret- und Ruderboote gemietet werden.
Besonders gut präsentiert sich der Wasserreichtum der Insel Usedom vom Siebenseenberg aus, den man auf dem Weg zur Bergmühle passiert.

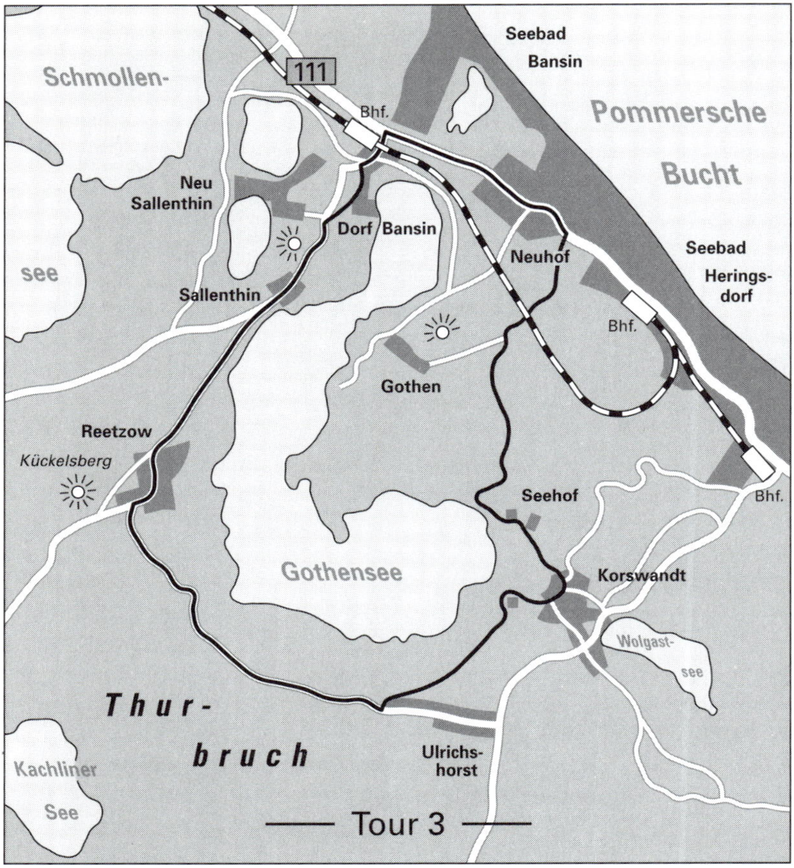

Tour 3: Rundwanderweg Gothensee
Kennzeichnung: waagerechter grüner Strich

Ebenfalls vom Bahnhof Bansin aus führt ein Weg zum Gothensee. Auf einem 19 km langen Wanderweg umrundet man den Gothensee, wobei man auch das Thurbruch streift. Hierbei handelt es sich um ein Niedermoor, welches zugleich eines der letzten Rückzugsgebiete des Fischotters, aber auch von Eisvogel und Seeadler ist. Schon immer waren der Gothensee und das große Moor des Thurbruch ein sehr wildreiches Gebiet, in dem früher Auerochsen, Bären, Wölfe und auch Wildpferde lebten.
Neben den Feucht- und Moorgewächsen findet man hier auch seltene Orchideenarten.

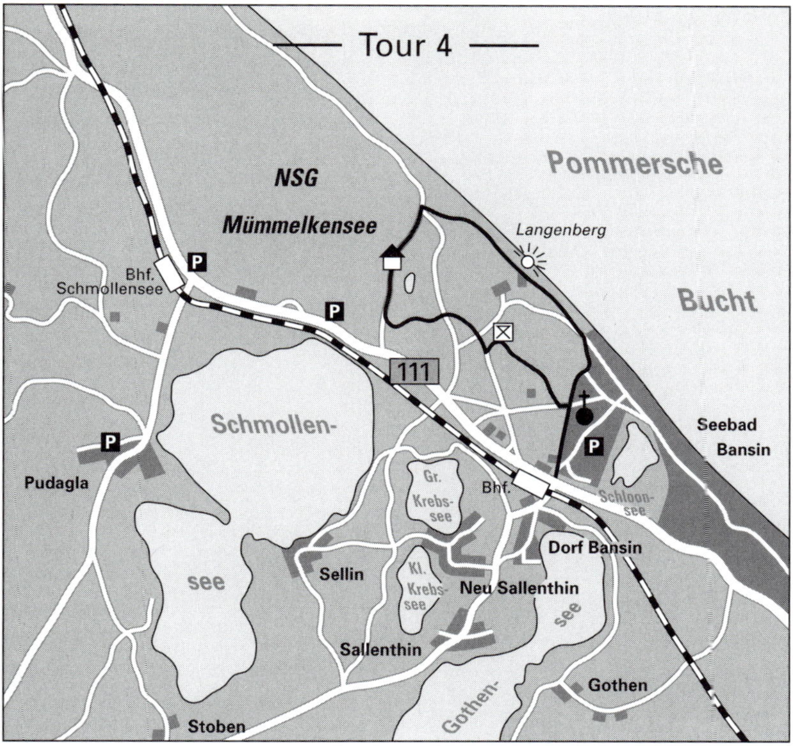

Tour 4: Naturlehrpfad »Mümmelkensee«
Kennzeichnung: grüner Diagonalstrich

Wieder vom Bahnhof Bansin aus gelangt man über den Fischerweg vorbei am Sportplatz zum Eingang des Naturlehrpfades.
Man kommt durch ein Waldgebiet mit verschiedenen Nutzhölzern zur Wolfsschlucht. Vorbei an einem jagdlichen Hochsitz und durch einen Buchenwald wird der Mümmelkensee mit seiner typischen Hochmoorfauna und -flora erreicht. Der Mümmelkensee bedeckt ein nie von Menschenhand verändertes, jetzt bis zu 15 Meter mächtiges Hochmoor. Auf dem dichten Schwinggras wachsen, in Torfmoose eingebettet, Sonnentau, Moosbeere und viele andere Sumpfpflanzen. Im Sommer besonders zahlreich vertreten sind die gelben Teichmummeln, die dem See den Namen gaben.
Der Lehrpfad führt weiter zum Kamm des 54 Meter hohen »Langen Berges« und endet am Aussichtspunkt am Kliff. An klaren Tagen reicht der Blick von hier aus bis nach Wollin und Rügen.
Auf dem Küstenwanderweg, gekennzeichnet durch einen blauen waagerechten Strich, kann der Rückweg nach Bansin angetreten werden.

Neben diesen Tourenvorschlägen gibt es viele Möglichkeiten, die Schönheiten der Insel auf eigene Faust zu entdecken. Dazu zählen auch kurze Wanderwege, wie z.B. der nur 2 km kurze Spaziergang um das Loddiner Höft mit seinem Steilufer. Ausgangspunkt dazu ist die Gemeinde Loddin am Achterwasser mit ihren vielen reetgedeckten Häusern.
Der Ort Ückeritz liegt in einer leicht hügeligen, waldreichen Landschaft zwischen Ostseestrand und Achterwasser. Er bietet einen langen, feinsandigen Strand und einen Sportboothafen am Achterwasser. Hier kann man auch Ruderboote und Katamarane mieten, ebenso Surfbretter.

400 Kilometer gestaltete Wanderwege und ein teilweise schon vorhandener Radwanderweg tragen u. a. dazu bei, daß sich dieses Urlaubsparadies weiter etablieren wird. Voraussetzung dafür ist jedoch, daß der Grenzübergang nach Polen weiterhin für PKW gesperrt bleibt. Durch die »Einkaufs-Touristen« polnischer Billigwaren gibt es bereits jetzt durch erhöhtes Verkehrsaufkommen (bis zu 40 km lange Staus) »unzumutbare« Verhältnisse, laut Bonner Verkehrsministerium, die durch eine Grenzöffnung für PKW nur verschlimmert werden können. Die betroffenen Gemeinden und der Kreistag haben sich gegen eine Grenzöffnung ausgesprochen, was der Insel mehr Sicherheit geben und den Lebensraum für Seeadler, graue Kraniche, Schwarzstörche und Bekassinen nicht gefährden würde.

Hallenbäder und Museen:

Meerwasserhallenbad und Sauna
am Hotel »Baltic«, Dünenstraße
17454 Zinnowitz
Tel. 03 83 77/4 08 50 und 4 08 37
Öffnungszeiten: Mo.–Mi. 14.00–21.00 Uhr
Do.–So. 09.00–21.00 Uhr

»Wiesensauna«
Hauptstr. 13a
17449 Karlshagen
Öffnungszeiten: täglich 16.00–23.00 Uhr,
montags Damensauna

Historisch-Technisches Informationszentrum
Ehemalige Heeresversuchsanstalt Peenemünde (1936 – 1945)
Bahnhofstraße 28
17449 Peenemünde
Tel. 03 83 71/2 05 73
Fax 03 83 71/2 05 74
Öffnungszeiten: 9.00–18.00 Uhr, montags geschlossen

Otto-Niemeyer-Holstein-Gedenkatelier
in Lüttenort/Koserow
Lebens- und Wirkungsstätte des Malers Professor Otto Niemeyer-Holstein (1896 – 1984). Seine Werke befassen sich größtenteils mit der Insel und dem Meer.
Der angrenzende Garten stellt mit Plastiken und Skulpturen ein Beispiel meisterlicher Landschaftsarchitektur dar.
Besuche sind nur mit einstündiger Führung möglich;
So., Di.–Do. 10.00–11.00 und 14.00–15.00 Uhr.

Tropenhaus Bansin
Goethestraße
17249 Bansin
Sammlung vieler exotischer Tier- und Pflanzenarten.
Öffnungszeiten: täglich 10.00–12.00 und 14.00–16.00 Uhr.

Muschelmuseum Heringsdorf
17424 Heringsdorf
An der Strandpromenade gelegen, bietet es Einblicke in die Unterwasserwelt.
Ca. 2 500 Exponate zeigt die Muschel-, Schnecken- und Korallenausstellung.
Öffnungszeiten: Do.–So. 10.00–13.00 und 15.00–18.00 Uhr.

Sternwarte »Manfred von Ardenne«
17424 Heringsdorf
Die Sternwarte liegt ebenfalls an der Promenade, östlich des Sportplatzes.

Museum Lassan
In dem in einer 500 Jahre alten Wassermühle eingerichteten Museum kann man sich über die regionale Geschichte informieren.
Öffnungszeiten: Di., Sa., So. 10.00–12.00 Uhr;
Sa. auch 14.00–16.00 Uhr.

Kreismuseum Wolgast
Das Kreismuseum ist in einem Fachwerkspeicherhaus aus dem 17. Jahrhundert untergebracht. Es steht am historischen Rathausplatz.
Schwerpunkte der Ausstellung sind:
Wolgast als Residenzstadt der Herzöge von Pommern-Wolgast,
die Zugehörigkeit zum Königreich Schweden von 1648–1815,
Seefahrtsgeschichte und wechselnde Sonderausstellungen.
Im Museum sind auch einige Gemälde von Philipp Otto Runge ausgestellt, neben Caspar David Friedrich der bedeutendste Maler der norddeutschen Romantik.
Öffnungszeiten: täglich außer montags.

Den Turm der Backsteinbasilika St. Petri in Wolgast kann man werktags zwischen 10.30 und 11.00 Uhr besteigen. Der Sakralbau aus dem 14. Jahrhundert war einst Hof- und Begräbniskirche der pommerschen Herzöge. Neun prunkvolle Zinnsärge stehen noch in der Fürstengruft.

Rundfahrten auf der Peene, Ausflugs- und Charterfahrten zu den Inseln Ruden, Vilm und Rügen oder nach Stettin, sowie Angel-, Tauch- und Sonderfahrten bietet die
Preußische-Ostsee-Reederei GmbH
Hafenstraße 1
17438 Wolgast
Tel. und Fax 0 38 36/20 27 96

Vom Flughafen Heringsdorf und vom Flugplatz Peenemünde aus werden verschiedene Rundflüge von 15 bis 90 Minuten Dauer angeboten. Mit einer Cessna 172 für drei oder einer Cessna 207 für sieben Passagiere lassen sich Usedom oder, bei der großen Tour, Usedom und Rügen aus der Luft erleben.
Anmeldung bei:
Usedomer Fluggesellschaft mbH

Flughafen Heringsdorf	Flugplatz Peenemünde
17419 Garz 1	
Tel. 03 83 76/2 33 und 4 17	Tel. 01 61/4 41 04 58

Weitere Informationen geben:
Landesfremdenverkehrsverband
Mecklenburg-Vorpommern e.V.
Platz der Freundschaft 1
18059 Rostock
Tel. 03 81/72 52 61
Regionaler Fremdenverkehrsverband
Vorpommern e.V.
Bahnhofstr. 72
17438 Wolgast
Tel. 0 38 36/23 28
Fremdenverkehrsverband
Insel Usedom
Dünenstraße 11
17454 Zinnowitz
Tel. 03 83 77/28 84 Tel. 0 38 36/20 22 16
Zuständige Polizeiinspektion:
Chausseestraße 64
17438 Wolgast
Tel. 0 38 36/20 22 16

VII. *Kurzbiographien*

Prof. Dr. Wernher von Braun

Deutscher Raketenforscher und wissenschaftlicher Leiter der Heeresversuchsanstalt Peenemünde-Ost

Wernher von Braun wurde am 23. März 1912 in Wirsitz bei Posen/Preußen geboren. Seine Eltern waren Magnus Freiherr von Braun, Generaldirektor der Deutschen Raiffeisenbank AG und Reichsminister für Ernährung und Landwirtschaft unter Franz von Papen, und Emmy, geborene von Quistorf. 1930 bestand Wernher von Braun sein Abitur an der Hermann-Lietz-Schule in Spiekeroog. In Zürich und Berlin studierte er anschließend Maschinenbau, widmete sich dann jedoch der physikalischen Forschung. Als Student an der Technischen Hochschule in Berlin-Charlottenburg entwickelte er ein ausgeprägtes Interesse an Astronomie und Raumfahrt. Schon 1930 schloß er sich dem Verein für Raumschiffahrt an und begann, sich mit Plänen und Ideen zur Verwirklichung der Raumfahrt zu beschäftigen. 1934 promovierte Wernher von Braun an der Friedrich-Wilhelms-Universität zu Berlin zum Doktor der Philosophie, Fachrichtung Physik. Das Thema seiner Dissertation lautete: »Konstruktive, theoretische und experimentelle Beiträge zu den Problemen der Flüssigkeitsraketen.« Bei Professor Hermann Oberth in Berlin-Reinickendorf vertiefte von Braun sein Wissen auf dem Gebiet der Raumfahrt. Im Oktober 1932 wurde er beim Heereswaffenamt eingestellt und der neu gegründeten Raketenversuchsstelle in Kummersdorf unter Major Dornberger zugeteilt. Hier war er maßgeblich an der Entwicklung des Raketenmotors beteiligt. Fünf Jahre später avancierte er zum technischen Leiter der Heeresversuchsanstalt in Peenemünde, wo er die erste moderne Großrakete A-4 entwickelt und erprobt hat.
Im Juli 1943 wurde Dr. Wernher von Braun zum Professor ernannt und im Dezember 1944 erhielt er das »Ritterkreuz zum Kriegsverdienstkreuz«.

1945 hat sich Wernher von Braun mit einem Teil seiner hochspezialisierten Mitarbeiter in Süddeutschland der amerikanischen Armee gestellt. Nach Verhaftung und Verhören in London wurden er und mit ihm mehr als 100 seiner ehemaligen Mitarbeiter im September 1945 nach Amerika gebracht. Zuerst nach Fort Bliss (Texas) und 1950 in das Redstone Arsenal bei Huntsville (Alabama). Dort erfolgten unter seiner Leitung und im Auftrag der amerikanischen Armee weitere Starts der von den Amerikanern erbeuteten V-2-Raketen. Weiterhin hatte er sich mit der Erforschung der höheren Atmosphäre und der Entwicklung ballistischer Raketen zu beschäftigen. 1955 erhielt er die amerikanische Staatsbürgerschaft und wurde einer der führenden Köpfe des Raumfahrtprogramms.

Unter seiner Leitung gelang 1958 der Start des ersten künstlichen Satelliten der USA, des »Explorer I« und die Entwicklung des ersten künstlichen Planeten, des »Pionier IV«. Ab 1960 war Wernher von Braun Direktor des George C. Marshall Space Flight Center in Huntsville (Alabama). Er konstruierte die Jupiter-Rakete für die US-Army, mit der die USA wieder in das Rennen um die Eroberung des Weltraums zurückkehrten. Er und sein Team leisteten Pionierarbeit bei der Entwicklung der Redstone-Rakete, die 1961 den ersten amerikanischen Astronauten in den Weltraum beförderte. Als Organisator des amerikanischen Raumfahrtprogramms und zugleich als Wissenschaftler und Erfinder entwarf und entwickelte er die Saturn-5-Rakete, die 1969 die Apollo-Astronauten auf den Mond brachte. 1970 wurde von Braun zum Deputy Assistant Director der Planungsabteilung der NASA (National Aeronautics and Space Administration) ernannt. Auch die jüngste Entwicklung in der Weltraumeroberung, das Space Shuttle, geht auf von Brauns Idee vom wiederverwendbaren Raumtransporter aus den 30er Jahren zurück. Im Juli 1972 übernahm Wernher von Braun die Position des Direktors für technische Entwicklung der Firma Fairchild Industries in German-town (Maryland), die sich vorwiegend mit dem Einsatz von Satelliten für Kommunikation und andere Verwendungszwecke beschäftigte.

Wernher von Braun trat im Januar 1977 als hochgeehrter Wissenschaftler und genialer Raketenforscher nach anhaltender schwerer Krankheit in den Ruhestand, den er leider nur sechs Monate genießen konnte. Wernher von Braun starb am 16. Juni 1977, nur 65 Jahre alt, in Alexandria (Virginia/USA).

Generalmajor Dr.-Ing. Walter Dornberger

Walter Dornberger wurde am 6. September 1895 in Gießen geboren. Nach dem Ersten Weltkrieg und der Gefangenschaft trat er als Leutnant in die Reichswehr ein. Seine Vorgesetzten erkannten bald seine überdurchschnittliche technische Begabung. Sie förderten ihn, und Dornberger durfte sein Studium auf Staatskosten absolvieren. An der Technischen Hochschule Berlin studierte er von 1925 bis 1930 Maschinenbau. 1930 bestand er das Staatsexamen mit Auszeichnung.
Als Major der Artillerie wurde er im Frühjahr 1930 dem ballistischen Referat des Heereswaffenamtes in Berlin als Hilfsreferent zugeteilt. Wenig später wurde Dornberger Abteilungsleiter für Raketenentwicklung. 1932 richtete er in Kummersdorf, auf dem Raketenversuchsgelände des Heereswaffenamtes, eine eigene Versuchsstelle für Flüssigkeitsraketen ein.
1935 schrieb er seine Doktorarbeit über Raketentechnik, die jedoch geheim war und nicht veröffentlicht werden durfte. Dadurch erhielt er den Titel eines Dr.-Ing. ehrenhalber.

Im Jahr 1936 übernahm er den Posten als verantwortlicher Leiter der Raketenentwicklung des Heeres und bei Kriegsbeginn 1939 auch der Luftwaffe. 1943 wurde er Kommandeur der Heeresversuchsanstalt Peenemünde und mit Wirkung zum 1. Juni des gleichen Jahres zum Generalmajor ernannt. Für seine Verdienste wurde Dornberger im Herbst 1944 mit dem »Ritterkreuz zum Kriegsverdienstkreuz« ausgezeichnet.

1945 stellte sich Walter Dornberger zusammen mit Wernher von Braun und weiteren Wissenschaftlern den Amerikanern. Nach zwei Jahren Kriegsgefangenschaft in Großbritannien holte ihn die US-Air Force als Guided-missile-Berater für ferngelenkte Raketen. Später arbeitete er in der Luftfahrtindustrie der USA. Dornberger wurde Vizepräsident der Firma Bell Aero Systems und Leiter der Forschungsabteilung, wo er an Raketenprojekten, u.a. der X-15 und dem Raumtransporter arbeitete.

Walter Dornberger starb am 27. Juni 1980, im Alter von 85 Jahren, während eines Besuches in Deutschland.

Prof. Hermann Julius Oberth

Deutscher Physiker und Raketenforscher für Weltraumfahrt

Der Siebenbürger Sachse, Hermann Julius Oberth, wurde am 25. Juni 1894 in Hermannstadt geboren. Sein Vater, Dr. Julius Oberth, war ein bekannter Chirurg; seine Mutter, Valerie Krasser, war die Tochter des Arztes, Dichters und Freidenkers Friedrich Krasser.
Schon in frühester Jugend beschäftigte sich Hermann Oberth mit der Raketenforschung. Nach dem Abitur am »Bischof-Teutsch«-Gymnasium, der »Bergschule« von Schäßburg, begann Oberth 1913 ein Medizinstudium in München. Bereits 1917 hatte Oberth dem deutschen Kriegsministerium die Verwendung von flüssigkeitsgetriebenen Fernraketen vorgeschlagen, denn er hatte eine Rakete entwickelt, die mit Alkohol und Sauerstoff angetrieben wurde. Die Idee wurde jedoch verworfen. 1919 begann er sein Physikstudium an der Universität Klausenburg, das er in München fortführte. Physik, Mathematik und Astronomie studierte er danach an der Universität Göttingen.
Von 1922 bis 1923 war Oberth Lehrer für Mathematik und Physik am Mädchenseminar Schäßburg.

Im Mai 1923 legte Oberth an der Universität Klausenburg sein Staatsexamen ab und erhielt den Titel »Professor sec.«.
In seinem ersten Buch «Die Rakete zu den Planetenräumen« veröffentlichte Oberth bereits 1923 eine grobe Schnittzeichnung durch eine Rakete, die

auf den ersten Blick als solche erkennbar und oberflächlich der A-4 ähnelte. Es handelte sich um sein Modell B, das zwar niemals gebaut wurde, aber den späteren Entwicklungen sehr nahe kam. Dieses Buch war ein Jahr zuvor als seine Dissertation von der Universität Heidelberg mit der Begründung als »zu phantastisch« abgelehnt worden.

Von 1925 bis 1938 war Oberth Professor für Mathematik und Physik am »Stephan-Ludwig-Roth«-Gymnasium von Mediasch. Im Sommer 1929 erschien sein Buch »Wege zur Raumschiffahrt« und von 1928 bis 1929 baute er im Auftrag des Filmregisseurs Fritz Lang für die Berliner UFA-Filmgesellschaft eine Rakete. Dabei gelang es ihm, mit der Spalt- und Kegeldüse die ersten Raketentriebwerke für flüssige Treibstoffe zu entwickeln.

Von 1938 bis 1940 erhielt er einen Forschungsauftrag an der TH Wien, von 1940 bis 1941 an der TH Dresden. 1941 wurde er zur Heeresversuchsanstalt Peenemünde dienstverpflichtet und von 1943 bis 1945 zur Westfälisch-Anhaltinischen Sprengstoff AG (WASAG) nach Reinsdorf bei Wittenberg abkommandiert.
Im April 1945 wurde Oberth auf einer Dienstreise in Moosburg/Bayern von den Amerikanern festgenommen und in verschiedene Internierungslager gebracht.
Nach seiner Freilassung ließ sich Oberth in Feucht bei Nürnberg nieder. 1948 wurde er Ehrenpräsident der Gesellschaft für Weltraumforschung, die auch den ersten »Oberth-Preis« verlieh.

Nachdem Oberth zwei Jahre Treibstoffexperimente in der Schweiz durchgeführt hatte, erhielt er von 1950 bis 1953 einen Forschungsauftrag der italienischen Marine in La Spezia.

1954, wieder nach Feucht zurückgekehrt, erschien sein neues Buch » Menschen im Weltraum«. Auf Wunsch Wernher von Brauns reist Oberth von 1955 bis 1958 nach Huntsville/USA, wo er mit Studien zu Zukunftsprojekten der Raumfahrt beauftragt wurde. 1959 veröffentlichte er sein viertes Raumfahrtbuch »Das Mondauto«.
In den Jahren 1961 bis 1962 nahm Oberth die Stelle eines Beratungsingenieurs bei Convair in San Diego, Kalifornien, an und trat dann in den Ruhestand.

Oberth war mehr der Theoretiker, der Vorausdenker und Hochrechner. Er sah die Flüssigkeitsrakete als Schlüssel zum All voraus, das Mehrstufenprinzip, geostationäre Satelliten und die Landung auf dem Mond. Mit seiner Arbeit »Wege zur Raumschiffahrt« aus dem Jahre 1929 und seinen noch heute gültigen Thesen begründete Oberth seinen Ruf als »Vater der Raumfahrt«.

Wernher von Braun, Professor Oberths berühmtester Schüler, beschrieb den genialen Gelehrten mit den Worten: »Hermann Oberth war der erste, der in Verbindung mit dem Gedanken einer wirklichen Weltraumfahrt zum Rechenschieber griff und zahlenmäßig durchgearbeitete Konzepte und Konstruktionsentwürfe vorlegte ... Ich selbst verdanke ihm nicht nur den Leitstern meines Lebens, sondern darüber hinaus meine erste Berührung mit den theoretischen und praktischen Seiten der Raketentechnik und Raumfahrt. Seinen richtungweisenden Beiträgen auf dem Gebiet der Astronautik gebührt ein Ehrenplatz in der Geschichte der Wissenschaft und Technik.«

Die Hermann-Oberth-Gesellschaft gründete 1971 das Hermann-Oberth-Raumfahrtmuseum in Feucht.

Für seine Verdienste erhielt Hermann Oberth zahlreiche Ehrungen: Ehrenbürger des Marktes Feucht; Doctor h.c. des Wesleyan College, Mount Pleasant, Iowa; Großes Verdienstkreuz des Verdienstordens der Bundesrepublik Deutschland; Dr.-Ing. e.h. der Technischen Universität Berlin; Dr.-Ing. h.c. des Instituto Politehnico, Barcelona; Dr. h.c. der »Babes-Bolyai«-Universität, Klausenburg; Dr. h.c. der TH Graz; Bayerisches Verdienstkreuz und Großes Verdienstkreuz mit Stern der Bundesrepublik Deutschland.
Am Flughafen Berlin-Tegel wurde 1981 eine Ehrenplakette enthüllt, die Hermann Oberth zusammen mit Wernher von Braun und Rudolf Nebel zeigt.

Hermann Oberth starb am 28. Dezember 1989 in Nürnberg und wurde am 3. Januar 1990 auf dem Neuen Friedhof in Feucht beigesetzt.

VIII. Gedenkstätten

Zu den historischen Gebäuden und Örtlichkeiten in Peenemünde gehört auch der Friedhof mit Kapelle. Die Kapelle wurde 1876 errichtet und war bis 1945 der Kirche in Kröslin angeschlossen. Danach gehörte sie zur Kirchengemeinde Karlshagen.
Während der Sperrgebietszeiten wurde die Kapelle sehr vernachlässigt, und besonders in den letzten Jahrzehnten verwahrlosten Kapelle und Friedhof. Von Einheimischen wurde die Friedhofsmauer nach und nach abgetragen, um auf diese Art zu Steinen für private Zwecke zu gelangen. 1987 wurde die Glocke der Kapelle nach Katzow verkauft.
Seit 1990 wurden Anstrengungen unternommen, um die Kapelle vor dem weiteren Verfall zu bewahren. Es folgte eine völlige Rekonstruktion, d. h. die Kapelle wurde mit erneuerten Holzteilen und überwiegend altem Steinmaterial wieder aufgebaut. Seit August 1993 läutet auch wieder eine neue Glocke für die Peenemünder. Die Außenansicht entspricht wieder dem Originalzustand von 1876, im Innenraum wurde eine Gedenkstätte für die Opfer des vergangenen Krieges errichtet.
Zur 50. Wiederkehr des ersten Bombenangriffes auf Peenemünde erfolgte am 18. August 1993 ein Gedenkgottesdienst zur Einweihung der Kapelle und der Gedenkstätte.

Auf dem angrenzenden Friedhof liegt der Königliche Förster a. D. Leopold Schönherr mit seiner Frau Mathilde begraben sowie auch einige Peenemünder Persönlichkeiten.
Ein Gedenkstein für die gefallenen Peenemünder während des Ersten Weltkrieges und der Gustav-Adolf-Gedenkstein, der an die erste Nacht des Königs am 24. Juni 1630 in Peenemünde erinnert, sind in die Anlage integriert.

Im Kiefernwald am Ortseingang von Karlshagen erinnert eine Mahn- und Gedenkstätte an die getöteten Zwangsarbeiter. Sie fielen den Bombardierungen durch die Royal Air Force in den Jahren 1943 und 1944 zum Opfer.

IX. Anhang

Chronik der Raketenentwicklung

20er Jahre	Beginn der deutschen Raketenentwicklung
Juni 1923	Das Standardwerk der Raumfahrt »Die Rakete zu den Planetenräumen« von Hermann Oberth erscheint
1927	Johannes Winkler gründet den Verein für Raumschiffahrt
September 1929	Rudolf Nebel und Klaus Riedel errichten den Raketenflugplatz Berlin-Reinickendorf
Ende 1929	Auftrag an die Ballistische Abteilung des Heereswaffenamtes zur Prüfung von Raketenantrieben
23. Juli 1930	Protokollierter erfolgreicher Brennversuch der von Hermann Oberth entwickelten »Kegeldüse« auf dem Gelände der Chemisch-Technischen Reichsanstalt in Berlin-Plötzensee
Mitte 1932	Dipl.-Ing. Walter Dornberger richtet auf dem Versuchsgelände des Heereswaffenamtes in Kummersdorf eine Versuchsstelle für Flüssigkeitsraketen ein
1. Oktober 1932	Wernher von Braun wird Zivilangestellter beim Heereswaffenamt
Dezember 1934	Erfolgreicher Start der ersten zwei Prototypen des A-2 von der Insel Borkum
April 1936	Ankauf des Geländes zur Errichtung der Heeresversuchsanstalt und Erprobungsstelle der Luftwaffe in Peenemünde
Dezember 1937	Vier nicht zufriedenstellende Abschüsse der A-3 von der Greifswalder Oie
Sommer 1938	Vier erfolgreiche Probestarts der A-5 von der Greifswalder Oie ohne Steuermaschine

Oktober 1939	Erfolgreicher Start zweier A-5 mit erfolgter Umlenkung in eine vorgeschriebene Richtung von der Insel Oie
3. Oktober 1942	Erster erfolgreicher Start der Flüssigkeitsgroßrakete A-4 von Peenemünde aus in den Weltraum; Geburtsstunde der Raumfahrt
Dezember 1942	Einrichtung eines Versuchs-Serienwerkes, Vorbereitung zur Serienproduktion der A-4
7. Juli 1943	A-4-Programm erhält höchste Dringlichkeitsstufe
17./18. August 1943	Erster Luftangriff der Royal Air Force auf Peenemünde; Vorbereitung zur Verlegung der A-4-Serienproduktion nach Nordhausen/Harz
November 1943	Erstes feldmäßiges Schießen der Lehr Battr. 444 mit A-4 in Blizna, Beginn der Truppenausbildung
8. September 1944	Beginn des militärischen Einsatzes der A-4 als V-2 - Waffe gegen westeuropäische Städte
24. Januar 1945	Erfolgreicher Erststart einer A-4 b
14. Februar 1945	Letzter Start einer A-4 in Peenemünde
17. Februar 1945	Beginn der Evakuierung der Heeresversuchsanstalt Peenemünde in den Raum Nordhausen
4. Mai 1945	Die Rote Armee besetzt Peenemünde
1946 – 1948	Demontage und Sprengung fast aller Gebäude und Einrichtungen der Heeresversuchsanstalt und der Erprobungsstelle der Luftwaffe gemäß dem Potsdamer Abkommen

Literaturverzeichnis:

Erst nach dem Krieg, als das Geheimnis um Peenemünde gelüftet war, erschienen Bücher und Berichte, die über den Beginn der Raketenentwicklung Auskunft gaben. Die Verfasser gehörten vorwiegend zu den Beteiligten:

Im Droste Verlag Düsseldorf erschien »Die Narren von Tegel – Ein Pionier der Raumfahrt erzählt«, von Rudolf Nebel.

1948 erscheint ein Buch mit dem Titel »V 2 – Der Schuß ins Weltall« von Walter Dornberger. Zehn Jahre später, 1958, wurde die dritte Auflage dieses Buches vom Bechtle Verlag veröffentlicht. Unter dem Titel »Peenemünde: die Geschichte der V-Waffen« erschien 1993 eine erweiterte Neuauflage des 1958 veröffentlichten Buches.

Dieter K. Huzel war eine Zeitlang Leiter des Prüfstandes VII, wurde 1944 Technischer Direktionsassistent bei Wernher von Braun und ging mit ihm nach Amerika. 1994 erschien im Vision Verlag Berlin seine deutschsprachige Ausgabe mit dem Titel: »Von Peenemünde nach Canaveral«.

In Amerika erschienen mehrere Bücher über Wernher von Braun. Zu erwähnen wären das Buch von Heather M. David und »Wernher von Braun Rocket Engineer« von Helen B. Walters.

Auch in Filmen wird die Raketenentwicklung dokumentiert. So gibt es den Film »Raketenflug«, der bereits um 1943 in Peenemünde produziert wurde.

1960 entstand der amerikanische Film »I aim at the Stars« (Ich ziele nach den Sternen), als Biographie Wernher von Brauns. Die Hauptrolle spielte Curd Jürgens.

Unter dem Drehbuchtitel »Peenemünde, the Coming of the Future« (Peenemünde, die Zukunft ist im Anmarsch) entstand ebenfalls ein amerikanischer Dokumentarfilm, der jedoch später den reißerischen Titel »Hitler's Secret Weapon« (Hitlers Geheimwaffe) erhielt. Dieser später preisgekrönte Film ist unter diesem Namen auch in Deutschland bekannt geworden und als Video erhältlich.

In einer Vielzahl weiterer Veröffentlichungen wird über Peenemünde und die Raketenentwicklung berichtet. Dazu zählen auch jetzt veröffentlichte Geheimberichte aus dieser Zeit sowie zahlreiche Schriften von Wissenschaftlern, die an diesen Forschungen beteiligt waren und diese in Amerika weitergeführt haben.

Ausführliche Broschüren zu verschiedenen Abschnitten der Peenemünder Zeitgeschichte, die vor Ort erhältlich sind, bietet der

AXEL-DIETRICH-VERLAG
Bahnhofstr. 28
17449 Peenemünde
Tel./Fax 03 83 71/2 04 79 oder
Tel. 03 83 71/2 16 70

Videos:

Videokassette Hitlers Geheimwaffe, Concorde Video GmbH, München
Videokassette Peenemünde, Wiege der Raumfahrt, Allstar Entertainment Video GmbH, Düsseldorf
Videokassette Erklärungen zum Prüfstand VII., B & B Vertrieb, Berlin

Quellenangabe:

W. Dornberger, Peenemünde – Die Geschichte der V-Waffen, Frankfurt 1993.
Dieter K. Hutzel, Von Peenemünde nach Canaveral, Berlin 1994.
T. Agoston, Teufel oder Technokrat?, Herford 1993.
B. Ford, Die Deutschen Geheimwaffen, München 1981.
J. Engelmann, Geheime Waffenschmiede Peenemünde, Friedberg.
Konzeptstudie zur Realisierbarkeit des Raumfahrtparks Peenemünde.
Broschüre Hermann Oberth, Nürnberg/Feucht 1994.
Interessengemeinschaft der ehem. Peenemünder, Die Rakete 14/1 1993.
A. Dietrich, Peenemünde im Wandel der Zeit, Peenemünde 1993.
H. Tresp/A. Dietrich, Bomben auf Peenemünde »Operation Hydra«, Peenemünde
A. Dietrich, Wegweiser durch das Historisch-Technische Informationszentrum »Peenemünde Geburtsort der Raumfahrt« 1993.

Bildnachweis:

Historisch-Technisches Informationszentrum (3); Hans-Joachim Polte (17); Deutsches Museum (11); Axel Dietrich (4); Foto Atelier Reinhold (4); Gert Frankowiak (2);
Skizzen S. 23, 27, 38, 77 (Historisch-Technisches Informationszentrum); Karten/Grafiken S. 86 – 89 (Thilo Erbertseder)

Umschlagvorderseite:
Modell der A-4 vor der Bunkerwarte.

Umschlagrückseite:
Die am 18. August 1993 restaurierte und wiedereingeweihte Kapelle aus dem Jahr 1876.